# 日本一女性を育てる会社

株式会社テルズ&クイーン
代表取締役
鈴木一輝

あさ出版

# はじめに

## ●負債13億円。なぜ私は、倒産寸前の会社の社長になったのか

私が代表取締役を務める「株式会社テルズ&クイーン」（2019年7月に社名変更。それまでは「株式会社イマージュ」）は、エステティックサロンを中心に、化粧品、補正下着、健康食品を扱う会社です。

社員数は110名（2019年度）、エステティックサロン「シェアラ」を、東海・北陸エリアで「10店舗」展開しています（テルズ&クイーンは会社名、シェアラはサロン名）。

・金沢本店……石川県金沢市
・小松店………石川県小松市
・高岡店………富山県高岡市
・福井店………福井県福井市
・鯖江店………福井県鯖江市
・敦賀店………福井県敦賀市
・新潟青山店…新潟県新潟市
・名古屋ＫＡＮＡＹＡＭＡ店……愛知県名古屋市
・名古屋ＳＡＫＡＥ店…………愛知県名古屋市
・名古屋駅前店…………………愛知県名古屋市

エステ業界は、市場の停滞が続いていると言われています。

価格競争による施術料金の低下、異業種からの参入（低価格サロン、美容専門クリニック、医療機関などに顧客が分散）、美容家電グッズの増加などが原因です。

テルズ&クイーン（当時はイマージュ）も、かつては投資の失敗により、倒産寸前の崖っぷちに立たされたことがありました。

社長を次々と交代させ、経営の刷新を繰り返したものの、ことごとく失敗。

2010年には負債が**「13億円」**に膨らみ、デフォルト（債務不履行／支払期限を過ぎても銀行に返済ができないこと）に追い込まれてしまいました。


そして、その沈みかけた泥船を任されたのが、私です。

普通の感覚なら、「負債13億円の会社」の社長に就任しようとは思わないでしょう。

けれど私は普通ではないのか（笑）、

**「船員（社員）を犠牲にして、自分だけ船を降りることはできない」**

と考え、「前経営陣は、今後一切、経営に関わらない（株式を放棄し、会社との関わりを持たない）」ことを条件に社長を引き受けることにしたのです（私は6代目です）。


常務取締役の宮田たみ子は、私の社長就任に反対していました。

「社長に、『なぜ、この借金を私たちが返さなければいけないのですか？』『社長の地元は名古屋なのだから、名古屋で新しいエステサロンを立ち上げたほうがいいのではありませんか？』と疑問をぶつけてみたんです。でも社長は、

**『もし、この借金を返すことができたら、カッコよくない？』**
**『誰もやったことがないことをやれたら、スゴイよね』**
**『やってダメならしかたがないけど、戦う前から逃げることはできない』**
**『自分だけ逃げるような人間が事業を起こしても、成功しないと思う』**
**『この会社のビジョンが世の中に必要とされているのなら、ぜったいに復活できる』**
**『神様は乗り越えられない試練は与えない。今の自分に必要だから試練を与える』**

と言って、まったく聞く耳を持たない（笑）。社長の覚悟を知り、私も同じ船に乗り続けようと決意しました」（宮田たみ子）

お金がなく、社員に十分な給料を支払うことができなかったため、私は社長就任直後に社員を集め、厳しい現状であることを打ち明け、謝罪をして、「辞めたい人がい

れば、手を上げてほしい」と呼びかけました。

「給料を20％カットすることにした。今、この船（会社）は転覆しかかっているので、船を降りたい人は、降りてもらってもかまわない。会社がこんな状態なら逃げ出したくなるのは当たり前だから、辞めたからといって、キミたちを責めることも、恨むこともしない」

社員は100名ほどいましたが、誰ひとり、欠けることはありませんでした。私と一緒に、泥の船に乗る覚悟を決めてくれたのです。

名古屋KANAYAMA店の細田枝見は、私に対して、「何でも挑戦してみる人」という印象を持っています。

「社長も最初は『13億円も借金のある会社の社長になんて、なりたくなかった』そうです。それなのに社長になった理由をうかがったら、『誰かに何かをやってほしいと頼まれたら、それは相手が困っている、助けを必要としているわけだから、任せてくださいと受け入れて、手を差し伸べることが大切なんだ』とおっしゃっていました。その社長の信念に、多くの社員が共感したのだと思います」（細田枝見）

## ●テルズ＆クイーンが復活した３つの理由

社長就任時、金融機関「9行」と取引があったものの、返済が滞り信頼を失っていたため、返済計画（再建案）を承諾していただくまでは、険しい道のりでした。

定期的に開催されるバンクミーティング（すべての取引銀行に集まってもらい、支援に理解を求めたり、今後の再生について合意を得る場）は、修羅場でした。

私と専務（宮田）は、27人の行員（各行から3名ずつ）から、

「どうせ潰す気だろう！」

「返済するつもりなんて、ないんだろう！」

「この決算書は粉飾だ！」

と厳しい追及と怒号にさらされ、私はただ「一生懸命、頑張ります」と頭を下げることしかできませんでした。針のむしろに座る気持ちです。

しかしその後、テルズ&クイーンは、奇跡的なV字回復を遂げました。停滞傾向にあるエステ業界のなかで、安定した業績を維持しています。

なぜ、テルズ&クイーンは、13億円の負債を跳ね返すことができたのでしょうか。

その理由は、大きく「3つ」あります。

**①ビジョンを明確に打ち出したこと**
**②社員教育に力を入れたこと**
**③物販に力を入れたこと**

**①ビジョンを明確に打ち出したこと**

テルズ&クイーンでは、

テルズ＆クイーン業績推移

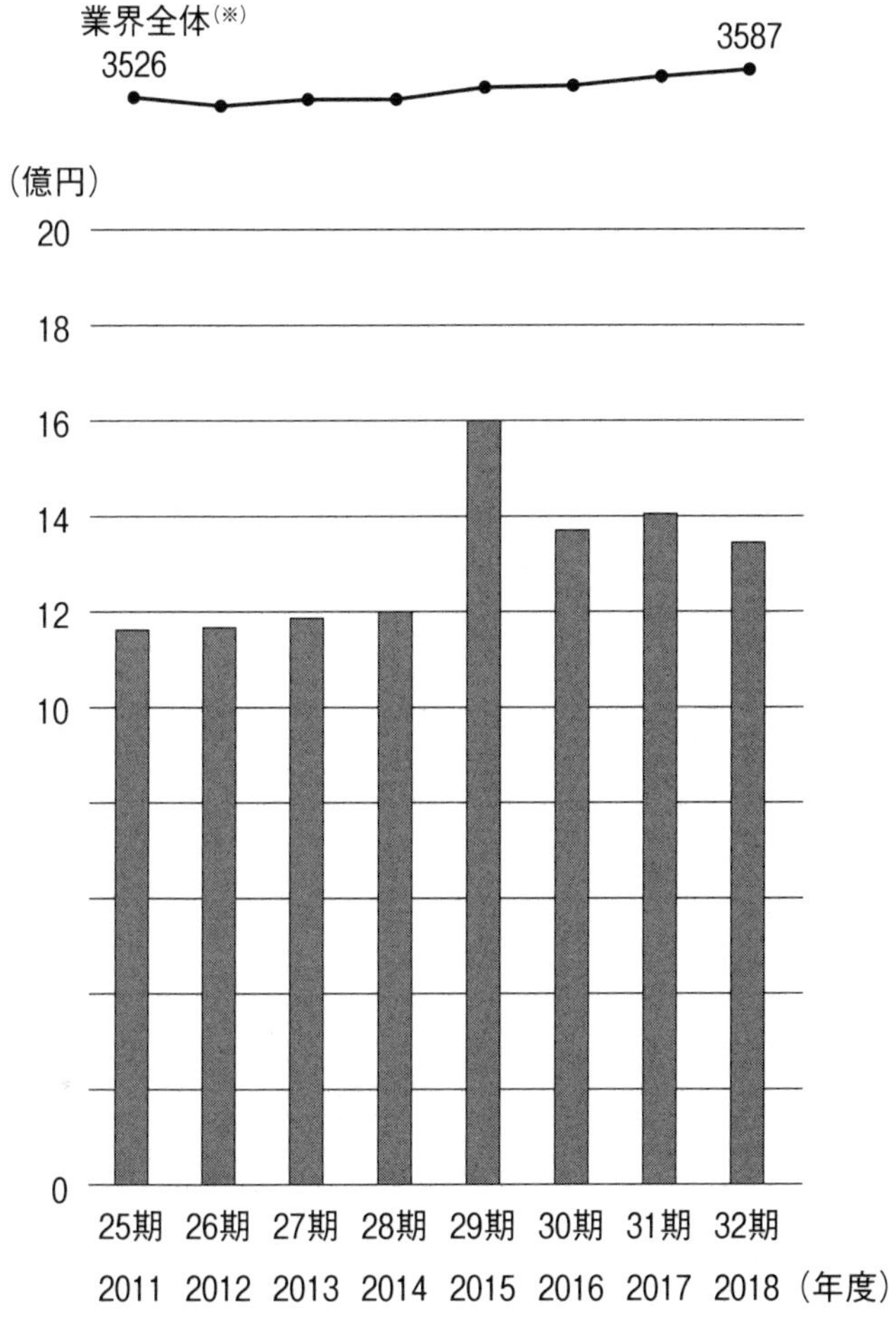

※矢野経済研究所調べ

**業界が停滞するなか安定して成長中**

## 「素敵なお母さんづくり」

をビジョンに掲げています。

ビジョンとは「会社として、目指すべきこと」です。

このビジョンは創業時からあったものですが、長らく形式的なものになっていたため、私が社長に就任してからは、具体的な取り組みとして力を入れています。

「素敵なお母さんづくり」には、「お客様（既婚女性、あるいは結婚を控えた女性）を輝かせる」という意味もありますが、もうひとつ、

「テールズ&クイーンで働く社員を『輝くお母さん』にしたい」

という思いが込められています。

**【テルズ&クイーンが考える素敵なお母さん】**

- **何よりも「家族」を大切にする女性**
- **両親に感謝できる女性**

・家族をマネジメントできる女性

……「学校の楽しさ」や「友だちの大切さ」を教え、子どもたちを正しい道へ導く

ご主人の仕事に対する意欲、モチベーションを上げる

・男性に支えられるのではなく、経済的に自立した女性

・どんな状況でも諦めない強い意志を持つ女性

・「私が、私が」という利己的な考えを捨て、利他の心を持つ女性

・職場の仲間やチームを大切にする女性

・One for All, All for One

エステティシャンは、「美」を扱う仕事です。エステティシャン本人が心もカラダも疲弊していたら、お客様を「キレイ」に導くことはできません。

エステティシャン本人が荒《すさ》んだ生活をしていたら、お客様を癒すことはできません。

ですから、エステティシャンは、「素敵なお母さん」になるための自分磨きを怠ってはいけないと思います。

## ②社員教育と採用に力を入れたこと

テルズ＆クイーンでは、エリアNO・1のエステサロンに成長するために、そして、社員を「素敵なお母さん」へと成長させるために、社員教育に力を入れています。

会社の実力は、社員の学歴や能力で決まるのではありません。私は「入社後の社員教育の量で決まる」と考えています。

重要なのは、「入社をしてから、どれだけ教育を受けたか」です。

社員教育の柱となるのは、**「経営計画書」**と**「環境整備」**です。

・**経営計画書……方針、数字、スケジュール、用語解説を1冊の手帳にまとめたルールブック（93ページで解説）**

・**環境整備……整理・整頓・清潔を徹底する（98ページで解説）**

会社は、人です。

エステティシャン自身が輝き、魅力的に成長した結果、それに比例して会社の業績も伸びていきます（社員の離職も減ります）。

### ③物販に力を入れたこと

一般的なエステサロンの場合、売上に占める技術（施術）と物販（化粧品などの販売）の割合は「9：1」です。一方、テルズ&クイーンは、「4：6」で、物販の割合が多くなっています。

物販は、リピートが見込めますし、売上の乱高下がないため、経営が安定します。景気が冷え込んだとき、「今月は、サロンに行くのを控えよう」と考えることはあっても、「景気が悪くなったから、基礎化粧品を使うのをやめよう」とか、「景気が悪くなったから、口紅を薄く塗ろう」と考える人は少ないと思います。

## ●エステティックサロン「日本一」の栄誉に輝く

テルズ&クイーンの取り組みは、エステ業界でも評価されています。「エステティックグランプリ」(エステティックサロンの日本一を決定する大会、通称エスグラ)でも、数多くの賞を獲得しています。

2012年　第2回エステティックグランプリ
◎モデルサロンプレゼンテーション部門
……新潟東店　準グランプリ獲得

2013年　第3回エステティックグランプリ
◎モデルサロンプレゼンテーション部門
……高岡本店　準グランプリ獲得
◎「顧客満足サロン部門」覆面モニター調査全国ランキングベスト100

## エスグラで多数受賞

9th ESTHETIQUE GRAND PRIX
ESGRA
2019
9th ESTHETIQUE GRAND PRIX
9th ESTHETIQUE GRAND PRIX
FAITH
RHYTHM
ALEN
B by C

２０１４年　第４回エステティックグランプリ

……高岡本店　全国第3位（日本全国549サロン中）

◎モデルサロンプレゼンテーション部門

……シェアラ金沢本店　グランプリ獲得

2019年、5年ぶりにエントリーをした「モデルサロンプレゼンテーション部門」では「準グランプリ」、「フェイシャル技術部門」では、セミファイナルに進出しました。この成果は、私たちの理念・取り組みが多くの方に共感いただけた証です。

本書では、女性を育て、そして会社を育てる「テルズ&クイーン」の取り組みについて、ご紹介してまいります。中小企業経営者、ならびに「素敵なお母さん」を目指す女性の助力となれば、著者としてこれほどの喜びはありません。

株式会社テルズ&クイーン代表取締役　鈴木一輝

## 第3章　自立した女性を育てる社員教育

## 第4章 女性がイキイキ輝くしくみ

編集協力　藤吉豊（株式会社文道）

# 第1章

# 私たちが目指すのは、「素敵なお母さんづくり」

## ●テルズ&クイーンは、魅力的な女性をつくる「学校」である

私たちの本業は、エステティック事業（化粧品、補正下着、健康食品の販売）です。その一方で、私たちの仕事は教育事業であるとも言えます。

なぜなら、テルズ&クイーンは

### ・「一人ひとりが豊かに成長していく」ための学校
### ・「素敵なお母さんをつくる」ための学校

でもあるからです。テルズ&クイーンが考える「素敵なお母さん」についてあらためて紹介しておきましょう。

### 【素敵なお母さん】

・何よりも「家族」を大切にする女性
・両親に感謝できる女性
・家族をマネジメントできる女性
……「学校の楽しさ」や「友だちの大切さ」を教え、子どもたちを正しい道へ導く
　ご主人の仕事に対する意欲、モチベーションを上げる
・男性に支えられるのではなく、経済的に自立した女性
・どんな状況でも諦めない強い意志を持つ女性
・「私が、私が」という利己的な考えを捨て、利他の心を持つ女性
・職場の仲間やチームを大切にする女性
・One for All, All for One

社会に出るまで、私たちは「保育園、幼稚園、小学校、中学校、高校、大学、専門学校」で、基礎学力を身につけます。ですが、「素敵なお母さん」になるための教養、知識、心構えを教えてくれる学校は、存在しません。

私は、テルズ&クイーンという会社こそ、「素敵なお母さんになるための学校」であり、鈴木一輝という社長こそ、女性を育てる学校の「校長先生」であると解釈しています。次世代を担う子どもを育む女性に、「素敵なお母さん」としての生き方、考え方を提供していく。それがテルズ&クイーンです。

女性は、結婚をすると、姓が変わります。

姓が変わると、役割が変わります。妻としての役割、母としての新しい役割が与えられます。そして、新しい役割を果たすための準備の場が「会社」であると私は考えています。

## ●私が「母親の大切さ」にこだわる理由

テルズ&クイーンが「素敵なお母さんづくり」に注力する理由のひとつは、私の原体験にあります。

私が9歳のとき、母親が、ある日突然、蒸発しました。

お母さんっ子だった私に、「母親が自分を捨てた」という事実は、受け入れ難かった。寂しさからふさぎ込むようになると、クラスメートから、「鈴木は性格が暗い」「鈴木はお母さんがいない」となじられ、いじめを受けはじめたのです。

母親の蒸発から1年後、父親は新たなパートナーと再婚をしたのですが、再婚相手は23歳と若く、当時10歳の私には、「母親というより、姉」としか思えない年齢差でした。「若い母親があらわれた」という事実もまた、受け入れ難く、長い間、「お母さん」と呼ぶことができませんでした。

学校では冷やかされ、いじめがさらに加速。私が不登校になったのは、小学校5年生のときでした。厳格だった父親に、「どうして学校に行かないんだ！」と叱責され、ときには殴られ、私はさらに心を閉ざすようになりました。

それからしばらくして、父親と継母の間に子ども（私にとっては弟）が生まれました。

「実子のほうが、連れ子よりもかわいいに決まっている」
「継母の愛情も、父親の愛情も、これからは弟に注がれる」

私には、家庭にも、学校にも、居場所はありませんでした。

「なんでオレだけ、肩身の狭い思いをしなければいけないのか」
「なんでオレだけ、我慢しなければいけないのか」

親の愛情を受けられず、世の中の理不尽に腹を立て、中学校に進学するとすぐ、私は非行に走りました。高校入学後は家を出て、それ以降、実父、実母、継母、義弟との関わりを断ち切ったのです。

しかし20歳のときでした。「生みの母親に、成人したことを伝えたい」という思いが湧き、実母を探しはじめました。

居場所を突き止めるまでに、1年以上かかったと思います。驚いたことに実母は、いわゆる「極道の妻」になっていました。

実母の再婚相手は、何度も警察のお世話になっていたので、服役期間が長期になるときは、実母と3人の子どもたち（私にとっては義兄弟）を私が預かることもありました。その後、実母とは同居したこともあります。

一方、継母と再会したのは、私が24歳のときです。

突然、継母から電話があり、「お父さん（実父）が入院しているから、顔を見せてほしい」と頼まれたのです。

病床の実父と7年ぶりに対面し、「自分も結婚していること」など近況を伝えたものの、深い話をすることはなく、1週間後、実父は49歳の若さで亡くなりました。

私は父とのわだかまりを消すことができないまま、父は亡くなってしまいました。

継母はまだ若く、再婚する機会もあるだろうと思ったため、私は継母から遠ざかるようになりました。親孝行をしようと思ったときにはすでに親がいないという私のこの体験は、お父さん、お母さんへ感謝する、そして子どもたちにとって母親が一番大切であるという思いとなって、現在の「素敵なお母さんづくり」につながっています。

それから23年後、弟が私を探して会いに来てくれました。そして継母と再会することができました。記憶のなかにあった母親の姿かたちよりも歳をとっていたものの、実際に会ったとき、こんなにわがままな息子を育ててくれた感謝の気持ちが心の底から湧いてきました。実母は3年前に亡くなりましたが、私を育ててくれた継母がまだいてくれます。お盆には必ず父のお墓参りに一緒に行き、食事をすることが恒例行事になっています。

## ●魅力的な男性と出会いたいなら、魅力的な女性になること

36歳で「イマージュ（旧社名）」に入社して、「素敵なお母さんづくり」というビジョンがあることを知ったとき、私は、自身の幼少期を思い出しながら、「本当に、その

通りだ」「女性はみな、お母さんになるための教育を受けるべきだ」と得心しました。

おそらく創業者は、「お客様を素敵なお母さんにしたい」と考えたのだと思います。

ですが私は、

**「素敵なお母さんになるのは、お客様だけではない。この会社で働く女性にも、素敵なお母さんになってほしい」**


と「社員向けのメッセージ」として解釈をしました。

離婚するのも、蒸発するのも、両親の都合でしかありません。

どのような理由であれ、両親の勝手な都合で、子どもを苦しめてはいけない。

「この会社で働く女性が素敵なお母さんになれば、子どもに寂しい思いをさせることはない」心からそう思ったのです。

テルズ&クイーンの社員には、「子どもを悲しませる母親」になってほしくない。

家族に笑顔をもたらす存在として、輝き続けてほしい。

だから私は、「素敵なお母さんづくり」に全力で取り組んでいます。

## ●素敵なお母さんになりたくて、テルズ&クイーンに就職

テルズ&クイーンの社員の多くが、この「素敵なお母さんづくり」というビジョンに共感しています。

「子どもは、お母さんの真似をしながら育つものですから、自分たち大人が、子どもの見本となるような行動をしていかなければいけないと感じています。働くことへの意識も、お金のためだけではなく、自分を磨くためなのだと気づかされました」（名古屋KANAYAMA店／佐藤仁美）

「私自身、4人の子を持つ母親です。自分が『楽しく、明るい』と、子どもたちも明るく楽しそうにしているので、まさにお母さんは、『写し鏡』ですね。子は親を見て、

真似て育つことを実感しています」（福井店／生田いづみ）

「仕事を通して、お母さんになるための訓練ができました。実際、自分がお母さんになったとき、育児が本当に楽しくて、辛いときこそ、笑顔になれた気がします。テルズ＆クイーンは、仕事を通じて、母親になること、子どもを育てること、素敵なお母さんになることの勉強ができる会社です」（福井店／伊藤晴香）

「お母さんになることは、簡単ではありません。たくさんの悩みや試練があります。ですが、物事の捉え方次第では、マイナスの状況でもプラスに考えられるようになって、人生が大きく変わると思います。

テルズ＆クイーンでは、お母さんになる前から、仕事を通していろいろな経験を積むことができます。私は、『どんなことからも逃げない』『悩みに直面してもあきらめない』ことを学びました。子どもに対して『正しく指導できる自分づくり』ができるので、素晴らしい職場だと思います」（マネジャー／門真奈美）

「以前、保育士をしていた私は、前職時代いろいろな母親を見てきました。1歳にも満たない子どもにコンビニ弁当を与え続ける母親や、育児を放棄した母親など、『素敵なお母さん』とは言い難い女性も見てきました。

素敵なお母さんになるには、勉強が必要です。その勉強の場が、会社です。会社では、好きなことばかりではなく、苦手なこともやらなければなりません。やりたくないことをやることで心が磨かれ、強くなるのだと思います。子どもを産む前に、いろいろな経験をしておくことが大事だと感じます」（敦賀店／中島美咲）

「お母さんが元気でいれば、家族も明るくなります。お母さんが前向きな言葉を口にしていれば、子どもも前向きになると思うので、仕事でもプライベートでも、プラスな言葉を発するようにしています」（青山店副店長／矢部里美）

「テルズ&クイーンで、素敵なお母さんづくりの考え方を教えていただき、実際に出産し、わが子を育てるなかで感じたことは、能力の差はあっても、できない子はいないということ。できないからといってやらせないのではなく、できるようになるために教えること。そして、まずは親がやって見せて、練習させてできるようになれば子どもは自信がつき、さらにうまくできるようにチャレンジしようという意欲が湧いてくるということでした。親は広い心で見守り、いざという時に手助けをしてやることが大事なことや、なんでもかんでも『駄目、駄目』と言うのではなく理解させること。大丈夫な範囲で少しは痛い目に合わせて危険なことに気づかせていき、教育することが大切だということ。実はこれらのことはすべて、仕事を通して教えてもらっていたことでした。

また、人間にとって大事な『命』『お金』『時間』を人のために使うことの大切さを教育していただいて、その考え方があったからこそ、子育てにおいて想像以上に自分の時間がなくなったり、自分のお金を今までみたいに自由に気にせず使えなくなったりしても、苦に感じず、今ある幸せを感じられていたと思います！

そして、子育ては思った以上に、状況に応じて親として責任を持ち決定をしていかないといけないことが多々あります。社長がよく親になる前の一番の練習が責任者を

することだとおっしゃっていた意味がわかりました！」（高岡店店長／川森洋美）

## ●テルズ＆クイーンの社員が「離婚ゼロ」の秘密

私が社長に就任し、「素敵なお母さんづくり」に取り組むようになってから、社員の離婚は激減しました。現在は、離婚ゼロです。

離婚ゼロの理由は、おもに、「７つ」あります。

【離婚ゼロ7つの理由】

①テルズ＆クイーンが社員教育（価値観教育）に力を入れているから

②価値観の似た結婚相手を選んでいるから

③結婚前に、「結婚面談」を実施しているから

④結婚前の「同棲」を禁止しているから（35歳を過ぎたらOK）

⑤女性と義両親の距離が近いから

⑥「家族会・男会」を実施しているから
⑦女性が家族のマネジメントをしているから

①テルズ&クイーンが社員教育（価値観教育）に力を入れているから

テルズ&クイーンの社員が携帯している手帳型の「経営計画書」（第3章で詳述します）には、

・「テルズ&クイーンの社員として、実施すること」
・「エステティシャンとして、実施すること」
・「素敵なお母さんになるために、実施すること」

が具体的に明記されています。

テルズ&クイーンでは、経営計画書を社内教育の教科書と位置づけ、お客様や家族に「感謝の気持ち」を示せるように、心の「あり方」を教育しています。

また、早朝勉強会や面談など（第3章）、「社長が、自分の言葉で、会社の方針について説明する機会」を設けているため、社長と社員の価値観を揃えることができます。

新入社員に対しても、私が自身の経験を交えながら、

「仕事とは何か」

「どのように働くべきか」

「なぜ、素敵なお母さんになる必要があるのか」

について、説明をしています。


社内教育によって「ファミリー・ファースト」（家族優先の気持ち）の価値観が養われるため、「信頼関係が築けない」「相手を思いやることができない」「家族の悪口を言う」「見栄や世間体を気にする」「相手を見下す」といった理由で家族関係が破綻することはありません。したがって、離婚が少なくなるのです。


福井店の大場麻奈美も、当社の価値観教育に感化されたと話しています。

「新人研修のなかで、社長から直接、仕事について、そして素敵なお母さんづくりについて、お話をうかがったことがありました。あっという間で、本当におもしろくて、

そして泣けました。

複雑な生い立ちを持つ社長だからこそ、素敵なお母さんづくりへのこだわりが本当に強いことがわかって、『絶対、この人についていこう』と思ったことを覚えています」（大場麻奈美）

## ②価値観の似た結婚相手を選んでいるから

魅力的な男性と出会いたいなら、自分も魅力的な女性になること。魅力的な女性になるためには、学び続けること。

人は、感性や価値観が似ている人とは親近感を覚えやすく、自分に似た雰囲気を持つ人に親しみを感じるものです。


人間は無意識のうちに、自分の「身の丈」に合った相手を選んでいる気がします。仲のよい夫婦の場合、まるで鏡に映したように、お互いの知性、品性、感性、価値観はよく似ていて、バランスがとれているのではないでしょうか。

家族を大切にしてくれる男性とめぐり合いたいのなら、自分が家族を大切にする。やさしい男性とめぐり合いたいのなら、自分がやさしい女性になる。

テルズ＆クイーンの社員は、「素敵なお母さん」になるために、常に学び、成長しています。だからこそ、価値観の合った「素敵なお父さん」とめぐり会うことができるのです。

### ③結婚前に、「結婚面談」を実施しているから

結婚が決まった時点で、社員と結婚相手（男性）、社長（私）と常務の4名で「お食事会」を行っています。この食事会で、私は結婚相手の男性に「3つのメッセージ」を伝えるようにしています。

### メッセージ(1)
### ……「テルズ＆クイーンは、素敵なお母さんをつくるための学校です」

テルズ＆クイーンがどういう会社なのか。女性が結婚や出産をしていくなかで、家族の理解を得ながら働くことができるように、テルズ＆クイーンの考え方（価値観）

について説明します。

### メッセージ(2)
### ……「転職をしようと思ったときは、必ず相談してほしい」

男性が転職をすると、一時的に年収が下がることが考えられます。

リクルートワークス研究所が発表した「全国就業実態パネル調査2017」によると、転職の翌年に「年収が10%以上アップした人」は31・44%「10%以上ダウンした人」は44・3%と、ダウンした人のほうが多いことが明らかになっています(正社員、非正規社員含む)。

また、転職2年目の年収は、10%以上アップした人が39・1%、10%以上ダウンした人は41・6%と、依然としてダウンした人がアップした人を上回っています。

年収がそのまま上がらずにいると、生活水準を下げることになるため、離婚の原因になりかねません。ですから、男性には次のようにアドバイスをしています。

「『嫌だ』という理由で会社を辞めても、生活水準が下がるだけだと思う。だから、家族のためにも一生懸命、頑張ろう。転職をしようか迷ったら、僕のことを『兄貴』だと思って、相談してほしい」

### メッセージ(3)
### ……「嫁が仕事に復帰するとき、姑に『子どもの面倒を見てほしい』とお願いするのは、夫の役割だよ」

テルズ&クイーンで働く女性の多くは、「仕事が好き」「仲間が好き」なので、出産後も「復帰したい」と考えています。実家に子どもを預ける場合（子育ての手伝いをお願いする場合）、姑の理解とサポートを得るのは、男性の役割です。

### ④結婚前の「同棲」を禁止しているから（35歳を過ぎたらOK）

テルズ&クイーンでは、「20代独身女性」の同棲を禁止しています。なぜなら、非同棲の女性より、妊娠する確率が高くなるからです。

妊娠が発覚して急いで籍を入れたとしても、「素敵なお母さん」「素敵なお父さん」になる準備が整っていないと、離婚につながりやすくなります。

## ⑤女性と義両親の距離が近いから

私は社員に対して、「両親（義両親）への感謝」の大切さを教えています。

当社の社員は、両親（自分の両親と義両親）の誕生日祝いはもちろんのこと、旦那さんの誕生日に、義両親に対して「主人を産んでくれて、ありがとうございます」と感謝を伝えるやさしさを持っています。

近年は、「嫁と姑の不仲」が原因で、離婚するケースが増えているそうです。ですが、当社の社員は義両親との距離が近く、良好な親族関係を築いているので、「親族間の不仲」を理由に離婚することはありません。

## ⑥「家族会・男会」を実施しているから

年に2回、社長、社員、社員の家族が一緒に食事をする「家族会」を開催しています。また、旦那さんだけを招いて食事をする「男会」も実施しています。

テルズ&クイーンが「大家族的」なのは、こうしたイベントを定期的に開催し、社員同士、家族同士の交流を深めているからです。

私は、「社員の家族」もひっくるめて、「みんなが会社の家族」だと思っています。「男会」を開催するとわかるのが、「旦那さんはみな、奥さんのことが大好き」ということです（笑）。だから離婚がなく、円満な家庭を築いています。

## ⑦女性が家族のマネジメントをしているから

私は、「お母さんは、家族のマネジャー」だと考えています。
「部下のモチベーションを上げる」のが職場におけるマネジャーの責務なら、家族のモチベーションを上げるのが「お母さん（家庭のマネジャー）」の責務です。
たとえば、ご主人の帰りが遅くなったとき、母親が子どもに
「お父さん、今日もまたお酒を飲みに行くんだって。いつもいつも、飲みすぎだよね。早く家に帰ってくればいいのに！」

## 社員が円満な家庭を築くための家族会・男会

と愚痴ったり、怒った姿を見せたとしたら、子どもは父親に対して、否定的な感情を持つようになります。

反対に母親が、

「お父さん、今日も仕事で遅くなるんだって。いつも私たちのために頑張ってくれて、ありがたいね」

と父親に感謝を示せば、子どもは父親に感謝するようになります。父親が帰宅したとき、その子は玄関まで出迎えに行くはずです。

家庭を幸せにするために、家族や育児のマネジメントをするのが、「素敵なお母さん」の務めだと思います。

# 第2章

# 人がとれない時代に、応募が殺到する理由

## ●「2つ」の採用ルートで新入社員を採用

テルズ&クイーンの社員数は、110名。2019年度の新卒採用では、ありがたいことに1146名の応募がありました。人がとれない売り手市場と言われるなか、上場企業でもない、地方の中小企業でこの数字は、普通ではありません。

なぜ、これほどまでに応募が殺到するのでしょうか。テルズ&クイーンは、おもに「2つ」の採用ルートから新入社員を採用しています。

【採用の2つのルート】

①お客様採用

②新卒採用

①お客様採用

テルズ&クイーンのお客様のなかから、毎年5名ほど、私たちの「仲間」をスカウトしています。

お客様採用（リピート顧客だった社員、シェアラのファンだった社員）は、自身の経験として、「シェアラ」が

**・お客様とスタッフの笑顔があふれるサロンであること**
**・心からリラックスしていただける「おもてなし」を心がけていること**
**・お客様のすべてに寄り添い、美容トラブルを全力で改善していること**

をよく理解しているので、「お客様の立場に立った接客」が可能です。

営業サポートの丸山智恵は、もともと当社のお客様でした。

「私は教職を目指し、国立大学教育学部に入りました。お客様としてサロンに通っていたのですが、スタッフの方が肌やボディを綺麗にしてくれるだけでなく、悩みも聴いてくれながら、『女性として人としての生き方、考え方』をいつも親身になって話してくれました。

お客様の人生までも変えることに心から感動し、自分自身の生き方、考え方も変えたい！　私もお客様を心身共に導けるような人になりたい！　と入社を決めました。

テルズ&クイーンに入社したいことを伝えると両親は大反対で親子の縁を切るとまで言われ、半年間は口も聞かず冷戦状態でした（笑）。

反対を押し切り、入社したものの、最初の3年間はまったくうまく行かず、人見知りのうえ、自分に自信もなくお客様指導もできていませんでした。

自分の限界に達したころ、社長から転勤の話をもらい、異なる土地で、異なる上司、スタッフと働くことで自分の性格や考え方も変化し、自分の能力を引き出してもらい、こんなにも仕事を通して成長できる会社はないと感じました。

どんな壁にぶつかっても社長は私を見捨てず、たくさんのチャンスを与えてくれました。いつも明るく前向き、思いやりがあり、愛情あふれる上司。まさに『素敵なお母さんづくり』の理念を実行している上司を見て、日々勉強の繰り返しです。社長、常務はじめたくさんの上司の方が愛情を持って指導してくれるこの会社でなければ今の自分はないと思います。テルズ&クイーンに出会えて、本当によかったと思います」

（丸山智江）

新潟青山店の伊藤美波もお客様採用です。

「お客様としてシェアラに通っていたとき、担当のスタッフから『素敵なお母さんづくり』について教えていただきました。『女性として、人として成長できる会社』であることを知って、入社を決めたんです。技術だけでなく『考え方』まで教えてくれる会社は、ほかにないと思います」（伊藤美波）

新潟青山店の南澤快衣は、キラキラ輝いているテルズ&クイーンの社員を見て、「一緒に働きたいと思うようになった」と言います。

「私はかつて、お客様としてシェアラに通っていました。当時は工場で働いていましたが、労働環境が自分には向いていなかったこともあり、やる気を失っていたんです。シェアラに来ると、心もカラダも癒され、何より、『スタッフの仲がよさそうで、キラキラしていて、楽しそうだな』と感じていました。スタッフの方が『この会社に入社したことで、自分を変えることができた」と言っていたのを聞いて、『私も、変わってみたい』という思いが芽生え、入社を決めました。

入社して思ったのは『本当に、裏がない』ということです。『女社会だから、実際は怖い部分もあるのかな』と思っていたのですが（笑）、そんなことはまったくなかったですね。『相手を思いやることができる女性』が本当に多くて感動しました」（南澤快衣）

## ②新卒採用（基本的に4年生大学卒業）

お客様採用は「テルズ&クイーン（シェアラ）のファン」が採用できる一方で、どうしても「安定した雇用を確保できない」というデメリットがあります。

「採用したい人」がいても、お客様に仕事をする意思がなかったり、すでに仕事を持っていたりする場合、スカウトするのは簡単ではありません。

しかし新卒採用であれば、定期的な人材の確保が可能です。

新卒採用は基本的に4年制大学卒業が対象ですが、2020年入社の20名のうち、専門学校卒2名、短大卒が1名いるなど、決して限定しているわけではありません。

また、新卒社員は中途社員に比べて、「価値観が浸透しやすい」というメリットがあります。

同業他社からの中途採用は、すでに自分の働き方や考え方が確立しているため、当社の文化を受け入れるのに時間がかかります。

ですが新卒社員は、「真っ白な状態」のため、自社の理念、社風、慣習、文化、指導に至るまで、素直に受け入れて行動する傾向があります。

## ●「エステ業界に興味がなかった人」がこぞって集まる理由

かつて新卒採用は、理容・美容の専門学校に求人募集を出していましたが、技術は入社してからも身につけることができるため、現在はエステに関する専門性を問わず、「4年生大学卒業生」を中心に採用を行っています。

新潟青山店の山口詠未は、会社説明会に来るまで「エステ業界は、専門学校で美容を学んだ人が働く場所」というイメージを持っていたそうです。
「美容について学んでいない私が働ける場所だとは思っていなかったのですが、この会社は国立大学卒業者が多くて、美容の専門性を問わないところが印象的でした。『素敵なお母さんづくり』という会社の考え方に共感したのが、入社を決めた一番の理由です」（山口詠未）
実際、テルズ＆クイーンの新卒社員（大卒社員）の多くが、

- **「エステ業界に興味がなかった人」**
- **「エステの勉強をしたことがなかった人」**
- **「テルズ＆クイーンのことを知らなかった人」**

です。
金沢本店副店長の五十嵐啓子は、入社の理由を次のように話します。
「もともと学校の先生を目指していたのですが、いざ自分の進路を考えると違和感が

あり、楽しそうに働いているテルズ&クイーンのスタッフを思い出して、『あんなふうに働きたいな』と思ったことがきっかけです。会社説明会では、スタッフの方が『女の子がみんなシェアラに入ればいいのに』と話しているのを聞いて、『そこまで言えるのって、すごいな』と……。私もシェアラで働いて、キラキラした女性になりたいと思い、入社に至りました」（五十嵐啓子）

名古屋KANAYAMA店の江角千夏は、他社からの内定を辞退して入社しています。

「就職活動中、当時付き合っていた彼氏が神戸で就職が決まっていて、私は彼に着いて行こうと関西の一般企業を受けていました。結果的に人材ビジネス大手の内定をいただきました。ですが、そこでテルズ&クイーンの素敵なお母さんづくりの考え方に出会ったのです。やりたいことを自己中心的に考えてきた私にはとても衝撃でした。

今の自分は親になったり、人の上に立てるレベルではない、自己成長するためにはそれができる環境に身を置きたい、一度しかない人生ならなりたい自分になりたいと思い、両親、彼氏の反対を押し切り、テルズ&クイーンへの入社を決めました。

成長ができると思わせてくれる上司、先輩社員がいて、それが私自身がなりたいと思う理想像としてイメージできたことが一番の入社の理由です」（江角千夏）

山口詠未も、五十嵐啓子も、江角千夏もエステ業界に興味がなかったのに、なぜ入社を決めたのでしょうか。

その理由は、おもに「3つ」あります。

**【入社を決めたおもな理由】**

**①エステの仕事は、「ありがとう」がいただけるから**

**②社員全員が「仲間」を大切に思っているから**

**③キラキラ輝く「素敵な女性」になれるから**

**①エステの仕事は、「ありがとう」がいただけるから**

仕事の本質は、他者や社会に貢献することです。

エステの仕事は、

**「人に喜びを与える」**

**「たくさんの人を笑顔にする」**

ことができます。お客様からいただく「ありがとう」こそ、仕事の原動力です。

名古屋SAKAE店の副店長、常谷柚里は、「お客様との信頼関係を実感できた瞬間」に仕事のやりがいを感じると言います。

「変化が出にくかったお客様の結果がようやく出たとき、お客様と2人で嬉し涙を流したことがあります。その涙は、お互いに本気で向き合えている証拠だと思いました。お客様が『常谷さんと話してスッキリしたし、モチベーションが上がった！』と笑顔を見せてくださったときは、私もモチベーションが上がります」（常谷柚里）

名古屋駅前店の永井久美子は、「ありがとう」の言葉が仕事のモチベーションになっています。

「お客様からの『ありがとう』はもちろんですが、職場のスタッフからもたくさんの『ありがとう』をいただけます。施術の準備に時間を割いたり、細かいところまで掃除をしたときなどは、『丁寧な仕事をしてくれてありがとう』と言ってくれますね」（永井久美子）

名古屋KANAYAMA店の河合星奈は、「サロンのなかで『ありがとう』の言葉が飛び交っている」ことに驚いたそうです。

「常に『ありがとう』が飛び交っていて、みんなポジティブですね。朝の挨拶は『おはようございます』が普通ですけど、当社では『ありがとう』が普通なんです（笑）」（河合星奈）

## ②社員全員が「仲間」を大切に思っているから

仕事を楽しむために重要なのは、「何をしたいか」ではなく、「誰と働きたいか」だと思います。テルズ&クイーンでは、

**「心から価値観を共有できる仲間」**
**「仕事も遊びも、一生懸命楽しむ仲間」**

に出会うことができます。

金沢本店の干場美鈴と、新潟青山店の風間友希は、ともに「スタッフの仲の良さ」を入社の理由に挙げています。

「正直、本当に仲がよいのか半信半疑だったのですが（笑）、会社説明会に行ったとき、スタッフさん同士の距離がとても近くて、『ああ、本当に仲がよいんだ』と実感できたんです。私もテルズ&クイーンの一員となって一緒に働きたいと思い、入社を決めました」（干場美鈴）

「ビューティアワード（3社合同でお客様満足などを競い合う大会）や社員総会といったコンテストのとき、みなさんが自分のこと以上に、仲間の成果を全力で喜び、悔しい結果に全力で悲しんでいる姿を見たとき、『社員全員が仲間を心から大切に思って

いる』ことが伝わってきました。人としても女性としても尊敬できます」（風間友希）

高岡店の二川愛香は、入社前は「女性ばかりの職場」に心配があったそうですが、不安は杞憂に終わったと話しています。

「女性だらけの職場なので、スタッフ同士の人間関係が心配でした。けれど、入社前の説明会で『みんな仲がよくて、休日も一緒に行動することがある』と聞いて、不安がなくなりました。また、インターンシップで『1日アルバイト』を体験して、入社前からエステ業界の裏側を知ることができました」（二川愛香）

### ③キラキラ輝く「素敵な女性」になれるから

テルズ＆クイーンは、「素敵な女性（素敵なお母さん）」になるための学校として、心の豊かさを持つ「自立した女性」を育てています。

名古屋ＫＡＮＡＹＡＭＡ店の平尾朱莉、名古屋ＳＡＫＡＥ店の安藤梓は、説明会での先輩たちの姿に触れたことが入社のきっかけになったと言います。

「きっかけは、合同企業説明会でシェアラのブースの前を通りかかった際に声をかけられたことでした。そのときは美容業界に就職する気は1ミリもなかったので、『話を聞くだけ』のつもりで座りました。いざ話を聞いてみると、『会社が好き』『今の自分が好き』ということが伝わってきて、『私もこんなキラキラした社会人になりたい！』と思いその場で単独説明会の予約をしました。

選考が進み、本部長との1対1の面接でいきなり『自分をよく見せようとしすぎて本心が伝わってこない』と言われました。そのときは図星のことを言われて泣きそうになりましたが、『何百人と面接をしているのにこんなに相手のためを思って言葉をかけてくれる上司のもとでなら、成長できるかもしれない』と思い、入社することを決めました」（平尾朱莉）

「『白スーツにスカーフを着けたキレイな女の人たちが沢山いるな』が最初の印象でした。はじめは、説明を聞くつもりはなかったんですが、笑顔で声をかけていただいたので、話を聞くだけならと思い説明を聞きました。説明のなかで〝女性が活躍できる会社〟という部分に魅力を感じました。女性が活き活きと目標を持って働くことで、こんなにステキな女性になれるんだなというのが、その場にいたスタッフからも伝わってきていたので、自分もこんな社会人になりたいと思い、面接を受けようと決めました。

説明会が終わった後も、笑顔で私の話を聞いてもらえたのでやさしい人たちが集まっている会社なんだなと思いました。また、スタッフ同士でも、とても楽しそうに話している姿を何度も見たので、先輩後輩関係なく本当に仲がよい会社なんだろうなと思えたのも魅力のひとつでした」（安藤梓）

名古屋ＫＡＮＡＹＡＭＡ店の柴田悠希奈は、「素敵なお母さんづくり」というビジョンに共感したといいます。

「入社を決めたのは、『この会社なら、自立した女性に成長できる』と思ったことと、『素敵なお母さんづくり』というビジョンにひかれたことです。

面接の待ち時間に何人もの先輩が入れ替わりで話してくださり、生の声を聞くこと

ができました。そのおかげか、入社前とのギャップが驚くほどなく、知れば知るほど先輩方の魅力が見つかります」(柴田悠希奈)

「エステティシャンの仕事」に固執する女性は、それ以外の仕事に就くことも、それ以外の勉強をすることも嫌がる傾向にあります。

ある脱毛サロンが「これからは、脱毛だけではなく、新サービスの提供も必要である」と考えて、社員に「フェイシャル」の技術を学ばせようとしたところ、大勢の社員が「私は、フェイシャルはやりたくありません」と不満を口にして、辞めていったそうです。

テルズ&クイーンの場合、そもそも、「エステティシャンでなければ嫌だ」「エステティシャン以外の仕事をするなら辞める」という女性は採用しないため、社員教育も、人事異動も、新サービスの提供も、柔軟に行うことが可能です。

名古屋KANAYAMA店の山田唯加は、「私にできるのか不安を覚える一方で、『どんな世界が待っているのだろう?』というワクワクがあった」と、入社前の心境を話しています。

## ●就活生に「25歳の自分の姿」をイメージしてもらう

就活生の多くは、「大学で自分が学んだこと」「大学で身につけた知識」を仕事に活かしたいと考えています。

しかし、そうなると、「エステサロンの仕事」は候補に上がってきません。エステの技術も知識も、大学では学ばないからです。

そこで当社では、就活生に「25歳になったときの自分」をイメージしていただきます（履歴書に記入）。「25歳のとき、どのような自分でありたいか」を問うと、

「仕事とプライベートを充実させたい」
「部下から信頼される先輩になりたい」
「多くの人から認められる人材になりたい」
「人に『ありがとう』と感謝でき、人から『ありがとう』と感謝される人になりたい」

と、「やりたいこと」よりも、「なりたい姿」にフォーカスしやすくなります。

就活生に「なりたい姿」を考えていただいたあと、当社の採用担当者が、「大学で学んだ知識に頼らなくても、テルズ&クイーンに入社すれば、『なりたい姿』に近づくことができます。なぜなら、女性がイキイキ輝く職場だからです」と説明すると、就活生の職業選択の幅が広がって、テルズ&クイーンに目を向けてくれるようになります。

地方都市のエステサロンは認知度が低く、決して人気の就職先ではありません。それでも、先ほどご紹介したように、2019年度は、「1146名」もの応募をいただきました。

「エステ業界に興味がない」「テルズ&クイーンのことを知らない」にもかかわらず、これだけの応募が集まったのは、

・**「素敵なお母さんづくり」**

・「仕事は楽しく遊びは一生懸命」

という、当社のモットーが就活生に受け入れられた結果だと思います。

## ●選考プロセス……内定までの6ステップ

・ステップ1……エントリー

リクナビまたは、テルズ&クイーンの採用サイトからエントリーしていただきます。

・ステップ2……会社説明会

「エステ業界に興味がない人」に向けて、「仕事の本質的な喜び」「エステ業界のやりがい」「他の会社にはないテルズ&クイーンの魅力」「先輩社員の本音」などについて説明します。

テルズ&クイーンは、「ありがとう」をいただける会社であり、素敵なお母さんになるための「教育の場」であることをお伝えします。

## 自社の魅力や本音を伝える会社説明会

## ・ステップ3……第1次選考（第1次面接）

各地区にて、サロン責任者と1対1で面接を行います（面接の際に履歴書を持参していただきます）。

テルズ&クイーンの第1次面接は、他のエステサロンの面接よりも、「厳しい」と思います。

就活生は、事前に準備（模擬面接など、質疑応答のシミュレーション）をして面接に臨んでいるため、「面接官受け」をする回答をしがちです。

本当は「条件面」で会社を選んでいたとしても、あからさまに「お金がいいから、この会社に入りたい」とは言えませんから、「本音」を隠しています。

ですから第1次面接では、本心をオブラートで包んでいるような人はふるい落とし、「テルズ&クイーンに入社して、成長したい」という強い熱意を持った人を見極めています。

「同棲をしてはいけない」「タバコを吸ってはいけない」など、テルズ&クイーンのルール（方針）についても説明します。

当社は、必要に応じて会社が（社長が）社員のプライベートにも介入する方針ですから、「プライベートにまで口を挟まれたくない」と敬遠する学生が、次の選考に進むことはありません（プライベートに口を出すのは、社員と社員の家族を守るためです）。

金沢本店の野坂奏帆は、「自分を変えたい」という思いから、テルズ&クイーンへの入社を決めました。

「技術も知識も、先輩方が一から教えてくださいます。できたら褒めてくださり、できなかったら、『どうして、できなかったのか』も丁寧に教えてくれる環境です。自分自身の成長を実感できるからこそ、やりがいがあります」（野坂奏帆）

**・ステップ4……第2次選考（第2次面接）**

金沢本社にて、幹部とグループ面接を行います。

2019年度の新卒採用では、応募者1146名中、第2次選考に進んだのは、82名でした。

会社説明会から第1次面接までは社員に任せていますが（社長の私が話すより、現場のスタッフが対応すると説得力が出るため）、第2次選考では私も面接官として参加します。私が自分の口から、

「鈴木一輝は、どのような人物か」
「テルズ&クイーンは、どのような会社なのか」
「テルズ&クイーンの社員は、どのような社員なのか」
「テルズ&クイーンで働くと、どのような女性に成長できるか」

について説明したうえで、

**・「テルズ&クイーンの理念に共感してくれる人」**
**・「私と価値観が合っている人」**

を見極めて、最終面接につなげます。

## ・ステップ5……最終面接

各地区にて、最終面接を実施します（最終面接は、現場スタッフが担当）。一部の例外を除き、基本的にこの段階で「不採用にする」ことはありません。

不採用にするのは、最終面接で「嘘をついた場合」です。最終面接では「2次面接で社長が話した内容」を覚えているか確認しています。

たとえば、以前、最終面接でこんなやりとりがありました。

面接担当者が「2次面接で社長が『お母さんが蒸発した話』をしていましたが、覚えていますか?」と質問したとき、学生が答えに窮して、「たしか、親戚の家に預けられたのでしたよね」とありもしないエピソードを口にしたのです。この学生はテルズ&クイーンの経営計画書の表紙が「白色」であることも忘れていました。

「嘘をつく」のは、誠実さが足りないからです。「テルズ&クイーンの一員になりたい」という意識が薄いからです。

サービス業において「不誠実さ」は致命的です。残念ながら、この学生は不採用となりました。

・ステップ6……内定

内定を出すまで、最短で2週間前後です。テルズ&クイーンでは、内定者研修にも力を入れているため、入社前からエステサロンの現場を体験していただきます。

## ●内定辞退を減らすには、コミュニケーションの量を増やすこと

「マイナビ企業新卒内定状況調査」によると、2018年卒の内定辞退率（2017年9月～10月時点での内定辞退率）が30%以上あった企業は「53・5%」であり、従業員数の少ない企業ほど、内定辞退率が高くなる傾向にあります。

「半分以上の企業で、内定辞退が30%以上」もあるなかで、テルズ&クイーンの内定辞退率は約1%です。

・2017年入社

内定者……23人　内定辞退者……1人

**・2018年入社**

**内定者……19人　内定辞退者……0人**

**・2019年入社**

**内定者……12人　内定辞退者……0人**

テルズ&クイーンの内定辞退者が少ないのは、「内定者同士」「内定者と先輩社員」「内定者と社長」の接触回数が多いからです。

人は「同じ人や同じものに接する回数が増えるほど、その対象に好印象を持つようになる」と言われています（ザイオンス効果と言います）。

テルズ&クイーンでは、内定者を対象とした研修、イベントを積極的に実施し、「コミュニケーションの量」を増やしています。

名古屋駅前店の永井久美子（2019年入社）は「入社前に会社のことをたくさん知ることで、働く不安がなくなった」と話してします。

「社長や先輩社員とのお食事会、バーベキュー、アルバイトなど、会社を知るさまざまな機会があったので、不安より楽しみのほうが大きかったです」（永井久美子）

**【内定者フォローのためのおもな取り組み】**

- 内定者食事会
- 内定者アルバイト
- 内定者勉強会
- お世話係制度
- バーベキュー大会
- ボイスメール
- 内定者食事会

社長、幹部、ベテランスタッフ、1年目スタッフと内定者の食事会です。この食事会は、「内定者の質問に、社長が答える時間」でもあるので、内定期間中の疑問や悩みを社長に相談することができます。

採用担当の内定者食事会についてのInstagramの投稿をご紹介しましょう。

「入社1年目の岡部百花です。先日、名古屋エリアの内定者お食事会があったのでご紹介します。お洒落なイタリアンのお店で、おいしいお料理をたくさん食べました！内定者の子たちもはじめは緊張気味でしたが、お料理が出てくるとみんな笑顔になって料理の写真をパシャリ。

そしてなんと、内定者お食事会では社長が参加してくださいます！　内定者の子も、社長への質問をたくさん考えてきていました。『自分に自信をつけるためには？』『なんで自分を採用したのか？』『社長が一番大切にしているものは何か』などを質問して、とても楽しい時間になりました。

社員同士の仲がいいだけでなく、社長との距離が近いのもシェアラの魅力です。ぜひ、インターンシップでシェアラのスタッフの仲のよさを体感してみてください」（岡部百花）

名古屋SAKAE店の近藤佳奈も、「内定者のときから研修や食事会などがあり、会社の人たちと関わる機会があってよかったなと感じた」と話しています。

## ・内定者アルバイト

内定者は、入社後に配属されるエリアの店舗で、アルバイトができます。内定者アルバイトの一番の目的は、「内定辞退の防止」です。

会社説明会や面接だけでは、「テルズ&クイーンの魅力」をすべて伝えることはできません。そこで内定者にはアルバイトをしてもらい、「実体験」を通して、「テルズ&クイーンはどういう会社なのか」「エステティシャンの仕事は、どういう仕事なのか」を体感してもらいます。

入社前に会社の文化、雰囲気、ビジョンを浸透させておけば、入社前と入社後のギャップがなくなるため、入社1年目の離職を防止することにつながります。

## 社長、幹部も参加する内定者との食事会

名古屋ＫＡＮＡＹＡＭＡ店の平尾朱莉は、内定者アルバイトについて「入社してからの動きを実際に見ることができるので、入社前と後のギャップがなくなることが一番のメリット」だと話しています。

「私も内定者のときにアルバイトをしていて、先輩たちの施術を間近で見たり、お客様にお茶を出したりと、内定者であってもお客様と関わることができました。

内定期間中に接客をさせていただいたお客様が、私の入社後に声をかけてくださったときは、とても嬉しかったです。最近では、『インターンシップ』という形で仕事を体験することもできるので、『エステティシャンって、実際、どんな仕事をするんだろう？』と思われている方は、ぜひ経験してみてください」（平尾朱莉）

名古屋ＫＡＮＡＹＡＭＡ店副店長の三宅千夏は、「アルバイト制度は、内定者をスムーズに入社させるしくみ」だと考えています。

「内定者にアルバイトをしてもらうと、入社する前から、お店の仕事を覚えたり、私たちスタッフと接したりすることができます。４月に入社した時点で、すでに会社の考え方に馴染んでいるため、楽しみながら仕事をはじめることが可能です。

アルバイト制度がなかった私たちの時代と比べると、今の社員は、成長のスピードが3倍くらい速いと思います」（三宅千夏）

### ・内定者勉強会

内定者一人ひとりに先輩スタッフがついて、実地研修を行っています。

テルズ&クイーンは、美容の専門学校に通っていない学生を採用しているので、ほとんどの内定者が未経験からスタートします。ですが、内定期間中から技術や商品について学ぶため、基礎的なスキルを身につけた状態で入社できます。

準備期間を設けることで、4月から最高のスタートダッシュを切ることが可能です。

名古屋KANAYAMA店の安藤睦は、この研修を受けたことが本当に役立ったと言います。

「内定者のための研修のなかにボイスメール研修というものがあります。アルバイトや研修が終わった後や月曜日の朝7時ぴったりに経営計画書から好きなところをひとつ選んで感じたことを1分30秒で入れるというものです。はじめたばかりのころは、1分30秒ぴったりに自分の伝えたいことをまとめられずに「難しいな～」と思いながら少し嫌々やっていた部分もあります。

自分がメッセージを入れるだけでなく、同じ内定者や社長から自分のボイスメールに返信が返ってくるなど、聞くことも勉強になるのですが、苦手意識を持っていたころは何百件もの自分宛にきたボイスメールを聞かずに消していたこともありました。でも、同じ研修に参加した内定者がどう感じていたかなど、自分とは違う意見が聞けて、次の研修やアルバイトでは『自分もこうしてみよう!』という発見があり、本当にもったいないことをしていたなと思います。

苦労しながらでも継続していくと時間ぴったりで自分の意見を伝えられるようになってきました。働きはじめてからも、自分の思っていることを先輩に伝えるときやお客様にお伝えをするときにも、うまくまとめて話せるようになりました」（安藤睦）

## ・お世話係制度

## 入社前にスキルを学べる内定者勉強会

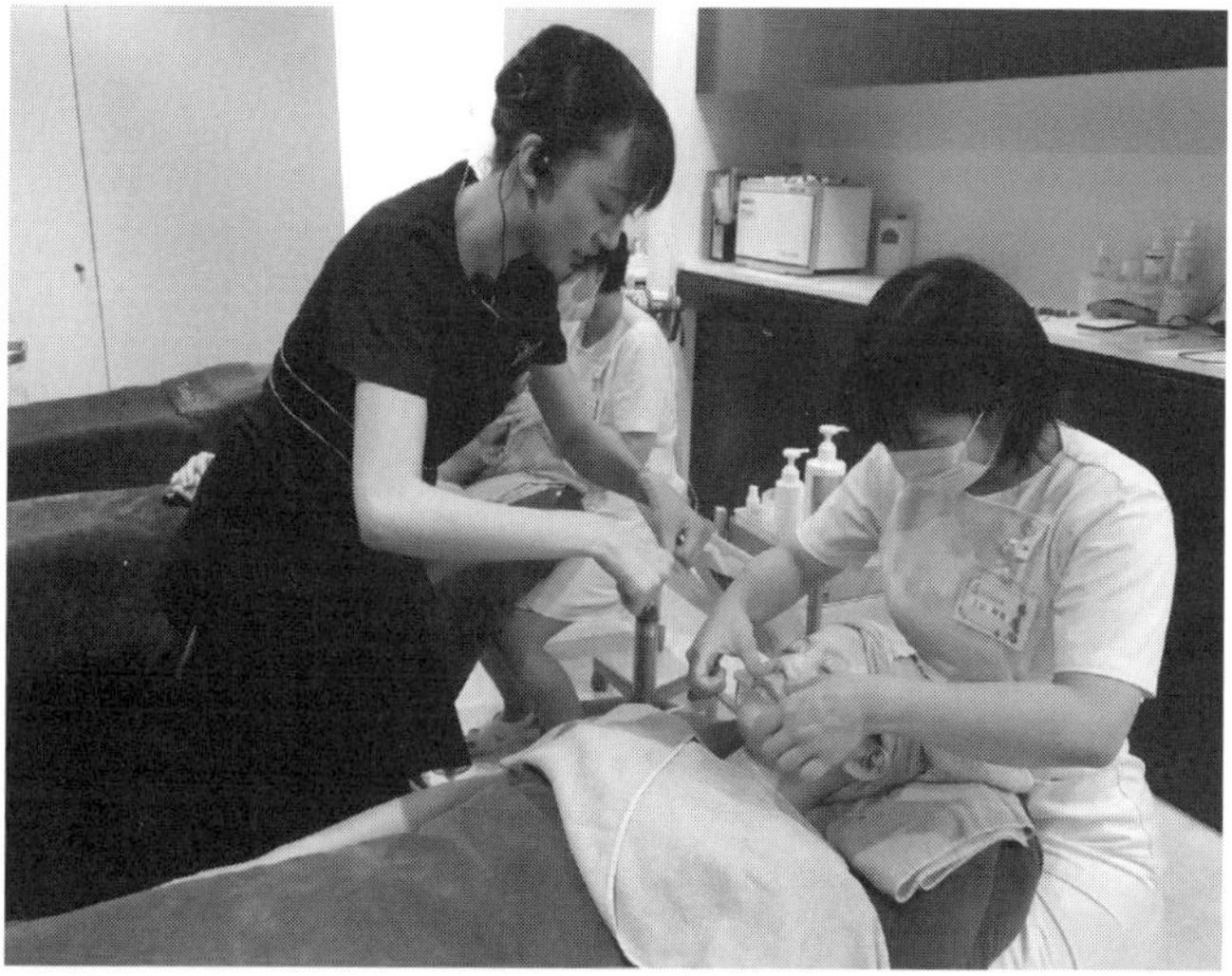

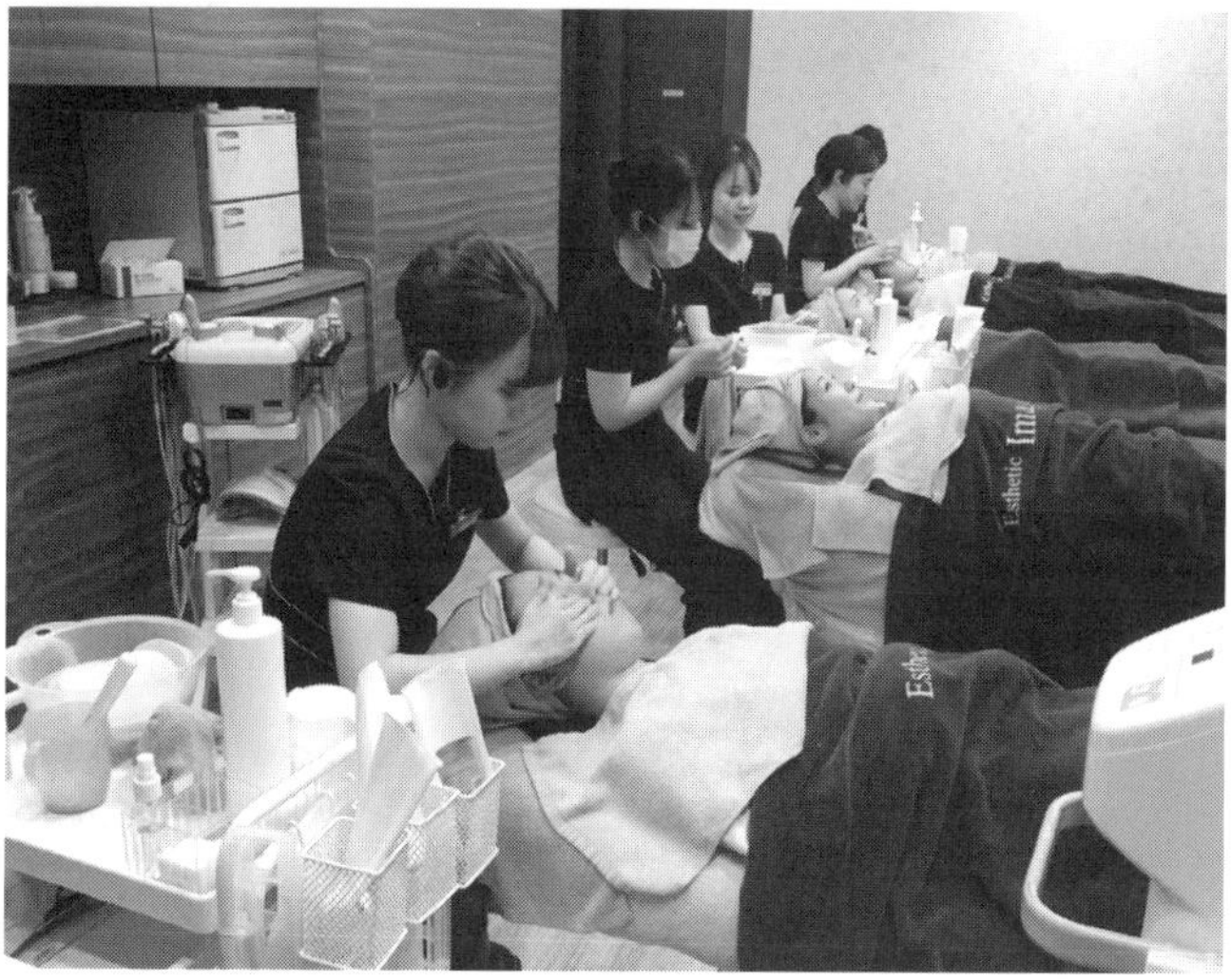

入社1、2年目の社員が「お世話係」として、内定者にマンツーマンで指導します。未経験で入社する内定者に対して、同じく未経験で入社した先輩社員がサポート。1年前に内定者と同じ立場だった先輩だからこそ、内定者の気持ちがわかりますし、仕事のことからプライベートのことまで、気軽にアドバイスできます。

内定者にとってお世話係は、仕事の悩みや不安を解決してくれる「自分専用のお姉さん」のような存在です。

前出の安藤睦は、お世話係制度について、「入社前にこれほど親身になって相談に乗ってくれる先輩がいる会社は、ほかにはない」と話しています。

「研修中に自信をなくすこともあったのですが、そのたびにお世話係の先輩が『私も最初はできなかったけど、研修を重ねれば、絶対できるようになるよ！』『前よりもずっと上手になっているよ！』とアドバイスをしてくださったので、すぐに不安を解消することができました」（安藤睦）

## 先輩がマンツーマンでサポートするお世話係制度

名古屋駅前店の岡部百花も、内定者期間中は、「わからないことや悩みごとがあれば、なんでも先輩に相談していた」そうです。

「お世話係の先輩がついてくださり、不安なことやわからないことをすぐに聞ける環境だったので、すぐに職場に馴染むことができました。先輩たちはとてもポジティブで、お店も明るく、私も毎日楽しく出勤しています。

お世話係の先輩は、私よりもひとつ上で、最近まで私と同じ立場でしたから、私の気持ちを一番に理解してくれます。実技のテストの前には『頑張ってね！ 応援しているよ！』『不安なことやわからないことがあったら、連絡してね！』とメールやチャットをくれたりして、いつもやさしく私を見守ってくれています。そんな先輩は、私の憧れでもあり、目標です」（岡部百花）

**・バーベキュー大会**

バーベキュー大会は、「社員に全力で楽しんでもらう」ために、毎年開催しています（2日間開催）。

## 皆が打ち解けるバーベキュー大会

1日目は新入社員と来年入社する内定者、2日目は各店のスタッフが参加します。前日から幹部を中心に準備が行われ、当日は、社長をはじめ幹部が焼き物やかき氷などを担当します。

内定者も最初は緊張気味ですが、新入社員(1年目の社員)が中心となってコミュニケーションをとるので、帰るころにはすっかり打ち解けています。

名古屋SAKAE店の安藤梓は、「バーベキュー大会のおかげで同期とも先輩とも、入社前から仲よくなれた」と話しています。

「内定をいただいてから3カ月しか経っていないのに、イベントに参加させてもらえたので、とても嬉しかったです。

海で遊んだり、社長自ら海鮮を焼いてくれたりと、とても素敵な思い出になりました。バーベキューは金沢で行われたのですが、道中も先輩方が悩みを聞いてくれたり、お仕事の楽しさを教えてくれたりして、最初から最後まで、楽しいイベントでした」(安藤梓)

・ボイスメール

ボイスメールとは、音声データをメールに乗せて送信するサービスのことです。文字ではなく「生の声」でメッセージのやりとりができます。

77ページでご紹介したように内定者は、「毎週月曜日の朝7時」に「経営計画書」の感想を社長あてに送信するのが決まりです。

収録する時間も「1分30秒」と決められているので、何度も練習をする内定者もいます（私は、すべての内定者に返信しています）。

この取り組みは、テルズ&クイーンの方針を学ばせると同時に、内定者の「ストレス耐性」を高める訓練になっています。

「決まった時間に、決まったことをさせる」と、内定者は「小さなストレス」を感じます。こうした「小さなストレス」を習慣づけると、少しずつストレス耐性が上がり、社員のメンタルを守ることにつながるのです。

# 第3章

# 自立した女性を育てる社員教育

## ●有名温泉旅館の女将がテルズ&クイーンの社員を絶賛

私は、自社の社員に、

**「どこで、誰に見られても、恥ずかしくない振る舞い」**
**「誰かに見られていなくても、行儀のいい振る舞い」**

を意識してもらうようにしています。

エステティシャンがだらしない格好やだらしない行動をしていると、お客様を失望させてしまいます。

同じように母親が家庭でだらしない格好をしていたら、子どもや旦那さんを失望させてしまいます。

テルズ&クイーンの社員には、人前に出ていても、出ていなくても、裏表なく、魅力的な女性でいることを心がけてもらうのです。

東海地方随一の格式を誇る有名温泉旅館で、社員総会を行ったときのことです。1泊2日の研修を終えて金沢に戻ったあと、旅館の女将から「テルズ&クイーンの本社にうかがわせてほしい」と連絡がありました。

「ぜひ、お越しください」と返事をしたものの、私は内心、「うちの社員は遊びも仕事も一生懸命なので、ハメを外しすぎたのではないか」「旅館に迷惑をかけてしまい、女将がクレームを言いに来るのではないか」とビクビクしていました。数日後、女将と営業部長がいらして、「さぁ、何を言われるのか」と構えていると、女将がこう言ったのです。

「鈴木さんの会社では、どのような教育をされているのですか?」

私が、「どういうことですか?」と聞き返すと、女将は、次のように続けました。

「みなさまがお帰りになった翌日、うちの仲居から報告があったんです。『**テルズ&**

**クイーンの方々がご宿泊されていたお部屋は、全室、掃除をする必要がないほど片づいています。ゴミひとつ落ちていません。ベッドメイキングまでされています**』と。

今まで、こんなことはありませんでした。当旅館の館内にもエステサロンがあるのですが、そのサロンの運営を御社にお願いしたいと思うほど、テルズ&クイーンの方々は、すばらしい感性と気配りをお持ちですね」

当社の社員は、チェックアウトをする前に、自分たちが利用した部屋の掃除をして、ベッドを整え、「立つ鳥跡を濁さない」ようにしていたのです。

部屋を片づけてくださる旅館の方が気持ちよくお仕事ができるように、そして、自分たちの感謝の気持ちを込めて、彼女たちは「当然のこと」をしました。

こうした振る舞いが自然とできるのも、社員教育の賜物だと思います。日ごろから、「素敵なお母さんになるには、どうしたらいいか」

「思いやりを持ってまわりの人と接するにはどうしたらいいか」

を考え、習慣化しているからです。

## ●「経営計画書」と「環境整備」を社員教育の柱に

私は人の成長速度と、会社の業績は「比例」すると思います。

会社は「人」がすべてです。

会社は「人」が支えています。

石垣がなければ城が建たないのと同じように、会社の土台となる「人」が育たなければ、会社を大きくすることはできません。

ですからテルズ&クイーンは、土台を磐石にするため社員教育に力を入れています。

社員教育の柱となるのは、

- **経営計画書**
- **環境整備**

の「2つ」です。

【社員教育の2つの柱】

・経営計画書……「社内教育の教科書」としての位置づけ

・環境整備………「実務教育」としての位置づけ

・**経営計画書**

方針、数字、スケジュール、用語解説を1冊の手帳にまとめたテルズ&クイーンのルールブックです。

社員が「どう行動すればいいのか」「どのように判断すればいいのか」に迷ったら、経営計画書に書いてある方針が道標となります。

・**環境整備**

環境整備とは、わかりやすく言うと、整理・整頓・清潔を徹底することです。

毎朝30分、全社員が掃除をします（朝礼終了後に行う）。窓を拭く、トイレ掃除をする、床を磨くなど、「今日はここだけ掃除する」と分担を決めて、ピカピカにします。

環境整備を徹底すると、「社員と社長の価値観が揃う」「やらなくていい仕事、やるべき仕事がひと目でわかる」「無駄な残業がなくなる」「在庫が激減し、資金繰りが改善する」といったメリットが期待できます。

## ●経営計画書をつくる「3つ」のメリット

私がまだエリアマネジャーだったとき、経営理念、仕事の考え方、行動原則、社員として守るべき約束事を「A4用紙1枚」にまとめ（当時は、フィロソフィーと呼んでいました）、エリアのスタッフと共有していました。

私の担当エリアの売上が他のエリアよりも高く、離職率が他のエリアよりも低かったのは、スタッフ全員が、フィロソフィーにもとづいて、「同じように考え、同じように行動した」からです。

社長に就任後は、「株式会社武蔵野」の小山昇社長（中小企業のカリスマと呼ばれる経営者）に指導を仰いで、手帳型の経営計画書をつくりました。

小山昇社長は、

「人間心理を無視して経営をしてはいけない。社員は、『面倒なことはやらない。都合の悪いことはやらない』のがまともである。だとすれば、『面倒なことでも、都合の悪いことでも、やらざるを得ないルール』を決定し、経営計画書を作成するのが社長の務め」

だと話しています。

経営計画書をつくるメリットは、おもに「３つ」あります。

**【経営計画書のメリット】**

**①社員が守るべき「方針」が明確になる**

**②目指すべき「数字」が明確になる**

**③社員の価値観が揃う**

## 手帳型の経営計画書は会社のルールブック

①社員が守るべき「方針」が明確になる

経営計画書は、会社の「ルールブック」です。たとえば、

・「カラーコンタクトは、青、緑は禁止」
・「爪は短くネイルは禁止（本社はOK）」
・「つけまつ毛、まつげエクステはOK」
・「お客様と従業員との間で私的管理のブログ、SNS等への招待、掲載、情報の交換は行わない。発見したら、始末書1枚」
・「ライバル会社の社員と給料の話におよんだときは『そんなに安いんですか、うちは○○ですよ』と答える（相手の言った1・5倍の金額を言う）」
・「退職後2年間は、ライバル、取引先等、秘密が漏れる会社に許可なく就職してはいけない。会社資料などの持ち出しによって、会社が損害を受けたときは、法的手段で個人に損害賠償を求める」
・「社内行事は全力で参加して盛り上げる」
・「残業に当たる勉強会は、最低賃金×1・25×時間で支払う」

など、守るべきルールや実行すべき方針を明文化しておけば、社員全員が同じ方向に動くことができます。

### ②目指すべき「数字」が明確になる

経営計画書は、会社の「スコアボード」でもあります。

「今期はいくら利益を出したいか」

「5年後はいくら利益を出したいか」

といった目標を数字にしておけば、「その数字を達成するには、いつまでに、何をしなければいけないか」が明確になります。

### ③社員の価値観が揃う

組織に属すと、ときには自分の考えや自分のやり方を棚上げして、会社の考えや会社のやり方に合わせなければいけないときがあります。

個性は尊重されるべきですが、個人のわがままを許してはいけません。そのためにも、会社のルールを明文化した経営計画書が必要です。

福井店店長の生田いづみが「経営計画書に書いてあることが、どんなときも、自分の道標になっています。これこそが社員教育です」と話しているように、経営計画書は、全社員を同じ方向に導くツールです。

## ●「環境整備」の「整（整える）」には、「2つ」の意味がある

環境整備は、はたから見ると、掃除と同じに見えるかもしれません。ですが、本質的にはまったく違います。

- **掃除……掃いたり、拭いたりして、ゴミやホコリ、汚れなどを取り去ること**
- **環境整備……仕事をやりやすくする環境を「整」えて「備」える**

「掃除」の目的は、ゴミや汚れを取ること。一方で、「環境整備」の目的は、「仕事を

やりやすくするための準備をする」ことです。

環境整備を習慣化すると、「仕事がしやすい環境が整う」「仕事のムダ、職場のムダがなくなる」「全員で整理・整頓をすることで、社員の価値観が揃う」など、さまざまなメリットがあります。

「環境整備」の「整（整える）」には、「2つ」の意味があります。

「整理」と「整頓」です。

**・「整理」＝捨てること**

必要なものと不必要なものを明確にする。不必要なもの、使わないもの、やらない仕事、余計な情報は徹底して捨てる。

**・「整頓」＝揃えること**

ものの置き場を決め、名前、数字をつけて管理する。使用頻度、販売数量に応じて、ものを置く向きを揃える。ものだけでなく、考え方や仕事のやり方も揃える。

## ●環境整備の真髄は、社員の心が揃うこと

ペンの向きが揃っていなくても、仕事に支障が出るわけではありません。それでも、徹底して形を揃えると、どうなると思いますか？

少しずつ、社員の心が揃ってきます。

**「形から入って心に至る」**のです。決められたところにものを置くと、心まで揃う。

これが環境整備の真髄です。

「全社員が、決められたところに、決められたものを置く」ことができたら、それは「心が揃っている」証拠です。

新潟青山店の田村裕美は、環境整備について、「最初は、なぜこんなことをするのかがわからなかった」ものの、現在では、「環境整備を導入したことで『形から入って心に至る』を体現できるようになり、価値観が統一された」ことを実感しています。

また、高岡店の肥塚加奈絵も、「環境整備を習慣にすることで価値観が揃い、職場の人同士が心を通わせる方法を知ることができた」と話しています。

1日や2日掃除をせずとも、会社は汚れません。ですが、「汚れていなくても、毎日、決められた場所を磨く」「所定の位置に、決められた向きで、ものを置く」ことを習慣にする。全社員が、毎日同じことをすると、社員の気持ちを揃えることができます。

テルズ&クイーンのような中小企業は、「優秀な人が働いているから成果が出る」のではありません。「価値観が同じ人」たちが働いているから、成果が上がるのです。個々の戦力はそれなりでも、社員全員の心がひとつに揃っていれば、困難な仕事でも乗り越えることができるのです。

金沢本店の小池理紗子は「環境整備を続けることで、『気づく習慣』が身についた」と話しています。

「私ははじめ、環境整備がどういうものか、よくわかりませんでした。ものを置くときは決められた場所からはみ出してはいけないとか、床にゴミが落ちていたらダメだとか、理由がわからないままルールを守っていました。

でも、環境整備を続けているうちに、少しずつですが、今までは気づけなかったことに気づくことができるようになりました。決められた場所を徹底的にキレイにすると、キレイになっているところと、汚れているところの差がわかるんです。

こうした気づきは、仕事にもつながっていて、『どうすればムダなく仕事ができるか』を考えるようになりました。環境整備をしていなければ、『効率が悪い、ムダが多い』のが普通で、今までの自分のやり方に違和感を持たなかったでしょう。ですが、環境整備に取り組んで、『気づく力』を養うことで、自分自身、レベルアップしてきたように思います」（小池理紗子）

名古屋KANAYAMA店の山田唯加は、入社当時、「掃除をすれば気持ちは晴れるかもしれないけれど、人として成長できるかはわからない」と半信半疑だったそうです。

ですが現在は、「環境整備をすると、自分の考え方まで整う」ことを理解しています。

## 環境整備で仕事をやりやすくする環境を整え、備える

「人は習慣の動物です。毎日、同じことを同じようにやり続けると、それが当たり前のこと、つまり、習慣になります。そして、よい習慣が身につけば、今まで気づけなかったことにも気づけるようになります。

環境整備をする前の自分は、『私だけがよければ、それでいい』と自分勝手に考えることがありました。ですが今では、『自分がどれだけ恵まれているのか』『まわりや先輩にどれだけ助けられているか』に気づくことができました。ものを捨て、揃えることを繰り返しているうちに、感性まで養われているように思います」（山田唯加）

## ●環境整備の成果を毎月チェック

テルズ＆クイーンでは、毎月、本社と全店舗を対象に**「環境整備点検」**を行い、環境整備の進捗状況を確認しています。

点検に使うチェックシートには、項目ごとに「評価」の欄が設けられていて、「○」「×」を判断し、部門（店舗）ごとに点数をつけて、チェックをします。

点数は「人事評価」や「賞与評価」に反映されます。点検の結果によって、賞与の額が大きく変わります。

環境整備点検は、社長が「現場の情報」を吸い上げる機会でもあります。社長が自ら現場に出て行くことで、現場の声をヒアリングできます。

金沢本店の副店長、五十嵐啓子は、「環境整備点検で、月1回、社長にお会いできるのも、社員のモチベーションにつながる」と話しています。

「環境整備点検は、毎月1回行われます。毎日行っている環境整備を具体的に項目化し、120点満点で点数がつきます。チェックするのは私たちではなく、なんと、社長です！　社長が毎月各お店をまわり、店内の環境整備の現状をチェックします。

月1回の環境整備点検で120点満点をとるために、スタッフ全員が一丸となります。なぜなら、『直近3回の合計点数が350点以上』だと、社長とのお食事会に参加できるからです。環境整備は、職歴や年齢を問わず、みんなが全力になって目指すことができるので、本当に楽しいです」（五十嵐啓子）

## ●朝礼と早朝勉強会を徹底し、価値観を共有する

このほか、テルズ&クイーンでは、価値観を揃えるための教育を定例化しています。

・朝礼
・早朝勉強会

**・朝礼……毎日実施**

朝礼では、経営計画書の方針（1ページ分）を全員で読み、店長が解説をします。

**・早朝勉強会……各エリアで1カ月に1回**

経営計画書には、小山昇社長の著書『改訂3版　仕事ができる人の心得』（CCCメディアハウス）から抜粋した用語集を掲載しています。早朝勉強会では、用語をピッ

クアップして、私が解説を加えます。

**【用語の例】**（『改訂3版　仕事ができる人の心得』を当社の経営計画書に一部抜粋）

・**「謝る」**……誤解されて非難されても、それが人の命にかかわるようなことでない限り、言い争いはせずに謝っておくとあとでうまくいく。時間をあけたらダメ。すぐに行くことです。電話で怒っていても顔を出すと、先方の態度も違ってきます。教わりに行くことです。

・**「言い訳」**……適当にごまかすことです。できない理由を述べることです。自己防衛のことです。自分ができないとか無能であることを、アピールしていることに気づいていない人のやることです。進歩の敵です。

・**「技術力アップ」**……一番うまい人の真似をすることです。良いと思うことはやってみる。見ているとできそうなことでも、実際にやってみると難しい。そこであきらめずにやり続けることが大切です。習熟するとレベルが上がる。

・**「経営」**……環境適応業です。変わらなければ失敗する。意思決定の連続。攻めが80％、撤退が20％です。成功の経験と同時に、失敗の経験が数多く必要です。致命的にならない失敗の経験を若いときにすることは、とくに重要です。

・**「失敗」**……はじめてのことは誰しも失敗する。やる気に正比例する。失敗は避けるべきものではない。逃げるものではない。そこから何かを学ぶのです。1回目は一歩前進です。2回目は確認です。3回目はバカです。同じ失敗をしてはいけません。自分自身が気にするほど他人はあなたの失敗を気にしていない。

## ●教育とは、教え、育てること

早朝勉強会は、毎朝8時15分～9時15分までの1時間行います。

## 教え、育てるための早朝勉強会

基本的に「参加は自由」ですが、参加した回数を人事評価に連動させています。出席回数が少ないと、「方針共有点」（価値観を共有するための勉強会にどれだけ参加したかの評価点）が下がり、賞与が減ります。

「教育」には、「教」えると「育」てるの両方が必要です。そこで早朝勉強会は「教える時間」と「育てる時間」に分けて行っています。

・**「教える時間」**……前半45分間。社長による方針の解説です。「社内で実際に起きた実例」や私の体験談などを題材に、方針を噛み砕いて説明します。「会社で学んだことをどのように家庭（子育て）に生かすか」についてもアドバイスをしています。

・**「育てる時間」**……後半15分間。説明した用語について、ひとりずつコメントを発表してもらいます。

名古屋ＳＡＫＡＥ店の細貝祐美子は「早朝勉強会は、社長から直接会社の方向性を聞くことができ、モチベーションが上がります」と勉強会の効果を実感しています。

小松店の熊倉里子は、早朝勉強会で「テルズ＆クイーンは、社長と社員の価値観が合っている」ことを身にしみて理解しています。

「毎月早朝勉強会を開いて、『社長が今、感じていること』や『考えていること』を教えてくださったり、経営計画書に書いてある方針をわかりやすく説明していただけるので、社員と社長との価値観が揃いやすいと思います」（熊倉里子）

勉強会の教材は、基本的に、経営計画書と、経営計画書に掲載した抜粋版の『仕事ができる人の心得』の2つだけです。

たくさんのテキストを使って、たくさんのことを勉強するのではなく、少ないテキストを使い、同じことを何度も繰り返すほうが人は成長します。

中小企業の人材育成では、たくさんのことを教えるよりも、ひとつのことを繰り返し教えることが大切です。

## ●外部研修に参加し、新しい発想を取り入れる

テルズ&クイーンは、株式会社武蔵野の「経営サポートパートナー会員」であり、小山昇社長のコンサルティングを受けています。武蔵野が主催する各種セミナー（外部研修）に社員を派遣。社内とは異なる価値観に触れることで、新しい発想やスキルを得ることができます。

エステサロンは、店舗での接客が中心ですから、「商品を売りに外に出る」ことはありません。それでも当社では、エステティシャンに、武蔵野の「セールス研修」を受けさせています。このセールス研修では、「ダスキン商品」（武蔵野はダスキンの販売代理店です）を飛び込み訪問で販売します。

飛び込み訪問は簡単ではありませんが、テルズ&クイーンの社員は体育会系が多いからか（笑）、自ら手を上げて、厳しい研修に参加をしています（テルズ&クイーンは、さまざまな分析ツールを使って、社員のメンタルの状態を把握しています。ストレス

耐性が低い社員は、セールス研修には参加させません）。
セールス研修のメリットは、おもに「2つ」です。

**・時代の変化に対応するため**

時代は常に変化しています。「現状維持」は、後退と同じです。「エステサロンは店舗で商品を売るのが当たり前」だと決めつけず、さまざまなビジネスのスタイルを経験しておくことが大切です。

**・お客様の大切さを痛感するため**

何十軒、何百軒と訪問してようやく商品が売れたとき、「お客様の大切さ」を痛感します。お客様への感謝の気持ちを忘れないためにも、セールス研修は効果的です。

名古屋駅前店の松井香帆にとって、「セールス研修はとても印象に残る研修だった」ようです。

「スタッフを成長させるためとはいえ、あれだけたくさんの社員にチャンスを与え、学ばせようとする会社の姿勢に感謝しています」（松井香帆）

高岡店の野々垣奈美は、「セールス研修に参加したことで、精神的に強くなった」と成長を実感しています。

「自分に対する甘さと向き合うことができました。また、精神的にも強くなり、あきらめないことの大切さを学びました」（野々垣奈美）

## ●幹部（店長）がやるべき「100」のこと

武蔵野の小山昇社長は、

「会社は、努力次第で大きく発展することもあれば、簡単につぶれてしまうこともある。つぶれてしまう最大の原因は『幹部』の甘さにある。ではなぜ甘くなるのかと言えば、新人時代と違って、固定概念に固まってしまうから。幹部が積極的に新しいことにチャレンジし、緊張感を持って仕事に取り組まなければ、会社は時代に取り残される」
とおっしゃっています。私も同意見です。
そこで私は幹部に、次のことを期待しています。

**【幹部社員に期待すること】**

**・「1年前の自分」と比較したとき、「これだけ成長した」と言える実績を持つこと**
**・大きな発想を持って、上司と同じ土俵で考え、行動すること**
**・決められた期日までに、自分あるいは自部門の数字を達成すること**
**・「与えられた仕事さえこなしていればいい」と考えず、まわりが自分に寄せる期待を敏感に受け止め、それに応えること**

一般社員は幹部社員（店長）にさまざまな期待をしています。しかし部下・後輩は、幹部に面と向かって「こうしてほしい」とは言えないものです。
したがって、幹部が自らアンテナを張って、「部下・後輩が自分に何を求めているか」

を察知しなければなりません。部下の思い、そして社長の期待を汲み取って、即座に実行するのが幹部の務めです。

幹部（店長以上の役職）は、部下と、そして自分自身を成長させる責務があります。そこでテルズ&クイーンでは、幹部に「5つの責任」（幹部5大責任）を課しています。経営計画書に、それぞれの「責任」の詳細を項目立てて掲載しています（項目は全部で100項目）。その一部を紹介しましょう。

**【幹部5大責任】**（一部を紹介）

**①幹部の業績責任**

・「プロ幹部には、業績責任がある。あなたの部門の業績を上げるのは、あなた以外ない」

・「プロ幹部とは、部門経営者である。部門経営者が価値判断の中心におくべきものは、業績と信用だ」

・「『何が大事か、どうするか』『指揮統率を的確に』。この2つを実行できる人をプロ幹部という」

・「『業績を上げる』とは『今の利益』を上げるだけではない。『次の利益』が上がる条件・しくみをつくれ」

など24項目。

### ②幹部の組織一体化責任

・「プロ幹部には、組織一体化責任がある。わが社の基本方針に沿った自部門の果たすべき役割を部下に明確に共通認識させ、ベクトルを合わせよ！」

・「会社方針・経営理念の理解と徹底が行われたときに、幹部としての使命が昇華する」

・「部下は上司を真似るものだ。部下が抱く不満は自分の欠点と思え」

・「部下の信頼を得たいのなら、言行一致を貫け。言行一致を実行するには、有言実行することだ」

など23項目。

**③幹部の補佐責任**

・「プロ幹部には、補佐責任がある。最終責任者であるトップが責任を遂行できるよう、トップ・上司の基本路線を理解し、推進せよ」

・「常に全体から部分を見よ。木を見て森を見るのではない。森の中の木としてとらえよ」

・「トップ・上司の方針のみならず、自分は何を期待されているかを理解せよ」

・「大所高所からの判断とは、トップ・上司に掌握される謙虚な姿勢である。トップ・上司への報・連・相を怠るな」

など25項目。

**④幹部の付加価値創造責任**

・「プロ幹部には、付加価値創造責任がある。環境変化を鋭く見抜き、顧客の価値、伸びる事業、強い商品、感動されるサービスを生み出せ」

・「企業の発展は優れた経営者に負うところが大きい。だが、幹部の能力はその企業の発展速度を左右する」
・「幹部は企業の歴史を創る推進者である。培われてきた自社のノウハウにプラスαを付け加え、発展させる人である」
など13項目。

### ⑤幹部の人材強化責任

・「プロ幹部には、人材強化責任がある。戦略・目標に適合した組織と、人材がいかんなく能力を発揮できる環境をつくれ」
・「自らが部下の行動モデルとなれ。部下を納得させうる実績、行動を示せ」
・「部下の言動は自らの鏡。部下は言う通りにはしないが、やる通りにはする」
・「部下を理解せよ。自分の知りたいことではなく、部下が自分に伝えたいことを聴いているか」
など15項目。

極端な話をすると、「店長の仕事は、この100項目を実行する」ことです。定例の店長会議では、毎回、全店長が揃って「100項目の読み合わせ」をして、「幹部の役割とは何か」を再確認しています。

## ●部下育成のときに忘れてはいけない「2つ」のポイント

幹部社員は、部下の指導をする際、「伝える」こと以上に、「相手の話を聞く」こと、そして「自分がやってみせる」ことに気を配ります。

**【聞く】**

敦賀店副店長の釣賀雅菜が、「自分の考えを話すだけでなく、相手の考えを聞くようにしている」と述べているように、リーダーとして部下の信頼を得るには、「話を聞くこと」が重要です。

聞き方によって、部下のモチベーションが左右されることがあります。

相手の話を聞くときは、「相手の言葉を自分の言葉に置き換えない」ことが大切です。自分の思い込みを捨てて、先入観にとらわれず、素直に聞く。相手の意見を自分勝手に解釈しないことが「聞き方」のコツです。

「部下や後輩と接するときは、自分の主観を入れずに『相手が何を伝えようとしているのか』を必ず聞くように心がけています」（小松店／富永朱美）

「部下が何を伝えたいのかをひと通り聞いてから、『なぜ、うまくいかなかったのか』をその人の特性や個性に合わせて伝えるようにしています。『自分がうまくいったとき』や反対に『自分も失敗したとき』など、私の体験談を踏まえながら、相手と目線を合わせて話すようにしています」（福井店／宮本里美）

「一方的に教えるのではなく、『今、何を思っている？』『どうしたらよいと思う？』と相手の考えを聞くことを心がけています」（鯖江店／砂川愛莉紗）

「部下が失敗したときは、『なぜ、そうなったのか』を必ず確認するようにしています。確認することで、今後の取り組み方や考え方を改善することが可能です」（高岡店／遠山亜紀）

「自分もかつては部下と同じ立場だったこと、そして、そのときに先輩から教えていただいたことを思い出すようにしています。上司として『こう思う』『こうしたほうがいい』と部下に指導をしたとき、部下が納得していないようなら、そのままにしないで、『どこが引っかかっているのか』を必ず聞くようにしています」（高岡店／出口郁香）

**【やってみせる】**

社員を動かすには、まず、自分が動くこと。「背中を見せる」ことこそ、マネジメントの要諦です。

鯖江店の砂畑恵梨は、「部下は上司の写し鏡」だと解釈しています。

「上司が言葉で『言う』だけでは、部下は動きません。上司と部下と写し鏡の関係なので、部下を動かすには、まずは自分が動くことが大切です。部下は上司の動きを見ています。もし部下が動いていないとしたら、それは、自分自身が動いていない証拠です。部下を変えたいなら、自分も変わることが必要です」（砂畑恵梨）

小松店の齋藤亜希も「自分の姿を見せる」ことが、部下育成のポイントだと考えています。

「教育をする以上、まずは自分が『やる』ことを心がけています。自分ではやっていないことを部下に『やれ』と言っても、部下は動きません。お客様のために計画を立てる、提出物の期限を守る、日報やカルテを書くなど、上司が『やるべきこと』をやれば、部下も同じようにやるようになります」（齋藤亜希）

# 第4章

# 女性がイキイキ輝くしくみ

## ●お客様満足より先に、社員満足を上げる

会社は、お客様を満足させる前に、まずは社員を満足させるべきだと思います。

多くの社長は、社員満足よりもお客様満足を優先して考えますが、私は、「社員満足は、お客様満足に匹敵する」と考えています。

自分の仕事に満足していない社員が、いいサービスを提供できるわけはありません。社員満足とお客様満足は、「自転車の両輪」であり、どちらか一方では、前に進むことはできません。お客様満足を上げるのは社員ですから、お客様満足より先に、社員満足を上げるのが正しいです。

当社の経営計画書には「3つのモチベーション」と題したページがあり、社員のモチベーションを上げる（社員満足を上げる）ための「3つの施策」を明記しています。

【3つのモチベーション】

①社員総会
②慰安旅行
③ビューティアワード

## ①社員総会

3カ月に一度、全社員が集まって、「3カ月間の成果」に対して、表彰式を開催しています。名古屋SAKAE店の近藤佳奈、名古屋駅前店の岡部百花のようにこの社員総会が大きなモチベーションになっている社員は少なくありません。

「自分の3カ月間がどうだったか振り返ることができ、次の3カ月どう頑張っていくか目標を決めることができます。

1位のスタッフは、表彰台にのぼり賞状がもらえて社長からコメントがいただけるのがとても嬉しく、3カ月本当に頑張ってきてよかったと思います。

逆にうまくいかなかったときは、表彰台にのぼっている人たちを見て次は自分も表彰台にのぼれるように頑張ろうと思います。

また、スタッフの皆さんと情報を共有できるので先輩に質問していろいろ教えていただけるのでとても勉強になりますし、帰りのバスで上司の常谷さんと、3カ月の振り返りをして、次はどこをねらっていくのか、そのためにはどうしたらいいかを話していただけるので、次の目標を明確にしてまた頑張っていくことができます。

何よりも社員総会は3カ月に1回あるので『定期的にリセットしてまた頑張ろう！』と思えるところがいいと思います！」（近藤佳奈）

「私は社員総会で1位をとる！　という目標を掲げて日々頑張っています。目標があることで、日々自己成長を遂げることができるし、達成したときの嬉しさや、達成できないときの悔しさを味わえます。悔しさは次への一歩になります。『次は絶対に1位をとる！』という強い思いの積み重ねがあることで、自分の行動が変わってきます。『お客様に喜んでいただくためには何をすればいいのか』や、『お客様のお肌の結果を出すために何をすればいいいか』を考える時間が増えました。

## ３カ月に１度の社員総会

私は『人に喜んでいただける仕事がしたい！』と思いシェアラに入社を決めたので、社員総会で1位をとることで私の夢を実現させたいです」（岡部百花）

名古屋KANAYAMA店の辻岡李永子も、「印象に残る社内行事」として、「社員総会」を挙げています。

「社員総会は、『頑張ったこと』を認めてもらえる場です。そして、社長から表彰状をいただけたり、まわりから祝福されたり、感動したり感動を与えたりと、自分たちのモチベーションが上がる場です。社長からも会社の方向性や考え方を教えていただけるので、みんなで同じ方向に向かって、『今まで以上に頑張っていこう』と思うようになります」（辻岡李永子）

### ②慰安旅行

慰安旅行（社員旅行）は、他社企業見学（ベンチマーキング）、店舗対抗出し物大会、レクリエーション、社長のバースデーパーティーなど、当社のモットーである「仕事は楽しく、遊びは一生懸命」を実感できるイベントです。

名古屋KANAYAMA店の平尾朱莉は、「慰安旅行の魅力のひとつは、幹部も、他店のスタッフも、新入社員も、近い距離で話すことができること」だと感じています。「テルズ&クイーンのモットーである『仕事は楽しく、遊びは一生懸命』という言葉通り、3日間全力で遊びました。

1日目は、『ベンチマーキング』といって、他企業様の見学に行かせていただき、仕事をしやすくするためのアイデアをたくさん勉強できました。

2日目の夜には、毎年恒例の出し物大会があり、各店の出し物を見て、全社員で盛り上がりました。『人は本気になると、殻を破れる』ことを先輩方から身をもって教えていただきました。

3日目の夜には社長のバースデーパーティーがあり、おいしいお料理を食べながら、社長や他店のみなさんとたくさんお話することができました。

全社員が集まることは年に数回しかありませんが、普段会うことの少ない他店のス

タッフと、私のような新入社員が近い距離感で話すことができるのも、慰安旅行の魅力のひとつです」（平尾朱莉）

金沢本店の野坂奏帆も、慰安旅行をめいっぱい楽しんだひとりです。

「入社する前から、先輩方に『慰安旅行は本当に楽しいよ』と言われていたので、すごく楽しみでした。他社企業のベンチマーキングでは、自分たちの店でも真似をしたい環境整備の取り組みを知ることができて、とても貴重な時間でした。また、出し物大会では、今までにない自分を出し切り、優勝することができました。先輩方と喜び会えたあの瞬間は、今でも忘れません。

また、ディズニーランドとディズニーシーに続けて行ったのは人生ではじめてでした。仕事中とは違った先輩方の一面を見ることができたり、お揃いのカチューシャや洋服を着ることもできたりして、とても楽しかったです。

社長のバースデーもお祝いさせていただき、想像以上に楽しかったです。3日間、一生懸命遊びました。

## めいっぱい楽しむ慰安旅行

テルズ＆クイーンでは、人間関係で悩むことはありません。とても素晴らしい環境のなかで仕事ができる私は、本当に幸せです」（野坂奏帆）

名古屋KANAYAMA店の江角千夏は「慰安旅行は、『仕事は楽しく一生懸命』を実践する場」と位置づけています。

「売上や日常業務のなかでは見られないスタッフ一人ひとりの個性や長所が発揮されますし、他店とも交流ができるので、慰安旅行は、会社全体の組織力をアップさせる場です」（江角千夏）

### ③ビューティアワード

ビューティアワードは、メーカー主催のコンテストです（当社の取引先）。テルズ＆クイーンを含む「3社（50店舗）」で、お客様満足度などを競い合います。

社員総会は、テルズ＆クイーン社内の表彰制度ですが、ビューティアワードは、他社との相対評価になるため、1位をとるのは容易ではありません。それだけに、表彰台に立てたときの喜びもひとしおです。

新潟青山店の伊藤美波は、「表彰台に上がることは、並大抵のことではない」と実感しています。

「今回、はじめて3社が集結するコンテストに参加させていただきました。社員総会はテルズ&クイーンだけの表彰式なので、当社の社員が必ず表彰台に上がります。けれどビューティアワードの場合、テルズ&クイーンの社員でも表彰台に上がれるのは、ほんの一握りで、上には上がいることを思い知らされました。どの部門においても、お客様や商品に対する熱い思いが結果につながるのだと思いました。

店舗部門ではテルズ&クイーンが1位を守り抜くことができて、本当に嬉しかったです。来年は個人部門、お客様部門でも1位をとれるように頑張ります」（伊藤美波）

名古屋 KANAYAMA 店の柴田悠希奈も、このビューティアワードで1位をとることが自分の大きな原動力となっていると言います。

「ビューティアワードは、私のなかで頑張りの源です。年に1回の3社合同というとても大きな規模の大会なので、新人賞で1位をとることを目標にしました。1年目の7月からビューティアワードが始まり、お客様デビューと同時だったため、とにかく毎日がむしゃらに取り組みました。常に目標を明確に言うことができる環境、そしてビューティアワードという、より頑張りたいと思えるものがある環境に今ではすごく感謝しています。何度も壁にぶつかりましたが、それを乗り越えるたび成長している自分がいました。この3カ月は他の月に比べて急激に成長することができたと思います。

私は親に無理を言って、現在一人暮らしをさせてもらっているため、成果を残すということが何よりの恩返しだと思っています。今回の新人賞では2位というとても悔しい結果に終わりました。2位になってのぼった表彰台の景色は一生忘れないと思います。そのときに来年は1位で表彰台に上がると決意しました」（柴田悠希奈）

## ●人事評価制度をつくって、社員を公平に評価する

## 他社と競い合うビューティアワード

給与制度と人事制度を明確にすることも、社員満足度を高めるためには大切なことです。テルズ&クイーンでは、昇給・昇進・賞与額についても評価基準を経営計画書に明記し、その通りに運用しています。

社員は「どうすれば昇給するのか」「どうすれば賞与が増えるのか」がわかっている。だから平等であり、不満が出ません。

社長の個人的な好き嫌いや胸三寸で人事評価を決めれば、社員はやる気をなくして辞めてしまいます。

人事評価制度は、頑張った社員と、頑張らなかった社員の差をつける制度です。頑張れば頑張っただけ収入も増えます。

多くの社長は、社員に「頑張れ、頑張れ」と言いますが、「頑張ったら、これだけもらえる」「頑張ったら、昇進できる」という「頑張った先」が見えなければ、社員は頑張れません。

3グループ（グループとは役職のこと）までは相対評価です。3・5グループ以上は絶対評価にしています。

相対評価とは、グループに属する社員を比較して、評価結果に順位をつけるやり方です。賞与額、昇給額、昇格・昇進は、すべて相対評価の成績によって決定しています（評価シートを使用し、社員の成績を点数化しています）。

グループごとに

- **A評価／（全体の）25％**
- **B評価／（全体の）55％**
- **C評価／（全体の）20％**

の割合になっています。

同一グループ内で差をつけて、「半期、頑張った人がたくさん賞与をもらえる」しくみです。

## ●社員のやる気を「お金」で釣るのは、正しい？

社員のやる気やモチベーションを喚起するのは、仕事の「やりがい」や「おもしろさ」だけではありません。

「お金」も大切な要素です。

もちろん、人生の目的はお金を稼ぐことではありません。お金より大事なものは世の中にたくさんあります。

けれど、「余裕を持って生活ができて、将来の不安がなくなるレベルの年収を稼げるようになる」までは、お金は、社員にとって最大の関心ごとです。

誤解を恐れずに言うと、私は「価値観が揃っている会社」であれば、「社員のやる気をお金で釣ること」は、決して悪くないと思っています（価値教育をして、社員の「お金」に対する考え方を揃えておくことが前提です）。

夢や志、やりがいを強調して低賃金で社員を働かせる「やりがい搾取」のほうが、よほど悪質です。

「社員の気持ちをお金で釣るのは不純だ」という声もありますが、社会通念上許される範囲であれば（犯罪に加担したり、不正をしたり、他人を傷つけたりしないのであれば）、少しくらい動機が不純でもいい。

「ほしいものがあるから、頑張って仕事をして、お金を貯める」「お給料をたくさんもらいたいから、会社の方針を守る」

という動機は、むしろ、とても自然だと思います。

「お金で釣る」というと、卑しい、さもしいと思われがちですが、テルズ&クイーンの社員は、喜んで釣られます（笑）。なぜなら、「お金で釣られることが結果的に自己成長につながる」ことを理解しているからです。

仕事の結果さえ清いものであれば、少しくらい動機は不純でもかまわないと私は考えています。

「清く正しく美しい」だけでは、社員のモチベーションは上がりません。やりがい搾取はしない。経営計画書や評価シートをもとに、「頑張った社員には、お金で社員に報いる」のが、テルズ&クイーンの方針です。

鯖江店の生田いろはは「明確な目標」を持つことがやりがいにつながると言います。

「売上が上がれば、その分、評価も上がるわけですから、目に見える明確な目標を立てることはとても大切だと思います」（生田いろは）

## ●給料手当を充実させて、社員の生活・成長をサポートする

「お金で釣る」しくみとして、テルズ&クイーンは、「給料手当」を充実させています。

### ①グループ手当（役職、職責手当）

……「職責（現在どのような仕事をしているか）」により、手当を支給しています。

◎2・5グループ…3万円
◎3グループ……5万円
◎3・5グループ…7万5000円
◎4グループ……10万円
◎5グループ……15万円
◎6グループ……20万円

**②都市手当**

……大都市（東海地区）勤務の社員に支給しています。月額1万5000円です。

**③住宅手当**

……ひとり住まいの社員に支給します。支給開始は、入社4カ月目からで、支給月額は、2万円です。

④社宅手当

……会社事情により転勤する社員には、会社が社宅を準備して、家賃を補助します。補助月額は、「転勤開始月より3年間」は家賃の50％、3年後は1万5000円です。

⑤奨学金手当

……奨学金で大学に進学した結果、社会人になっても返済に苦しむ人が増えています。そこでテルズ＆クイーンでは、奨学金を借りている社員に対して「奨学金手当」を支給しています。

支給期間は、入社4カ月目から3年間です。支給月額は、上限1万円。ただし、1カ月の奨学金返済額が1万円以下の場合は、実際に支払っている金額を支給します。

⑥学童保育手当

……子どもが学童保育に通っている従業員に月謝分を支給します。支給月額は、上限1万円です。ただし月謝が1万円以下の場合は、実際に支払っている金額を支給します。

### ⑦家族手当

……子どもがいる社員に支給します。子ども手当の支給月額は、子どもひとりに対して5000円とし、支給期間は子どもが18歳（高校卒業）までとします。最大3万円支給します。

### ⑧お見舞金手当

……社内行事などでケガをした従業員に、お見舞金手当を支給します。支給額は1万円です。

### ⑨通勤手当

……従業員の通勤にかかる費用を補助します。

### ⑩親孝行手当

……新卒社員は、ゴールデンウィーク中に帰省し、両親に感謝の言葉を伝えるのが決まりです。「両親と写真を撮影し、店長に送る」ことを条件に、交通費を支給します（ゴールデンウィーク前に給料の半分を支給）。

### ⑪結婚祝い金

……結婚したとき、5万円のお祝い金を支給します。

### ⑫出産祝い金

……社員または配偶者が出産したとき、お祝い金として、3万円支給します。

## ●仕事も家事も両立させている組織づくり

かつてはどのエステサロンでも、結婚して子どもができたら、仕事を辞めるケースが多かったため、エステ業界のなかには、社員の結婚に反対する経営者もいました。

私の場合、社員を「素敵なお母さんにする」ことが事業の目的でもあるわけですから、結婚には大賛成です。

一方で、「結婚すると（子どもが生まれると）会社を辞める。会社を辞めると、復職することはない」ため、せっかく育てた人材の流出に苦慮したのも事実です。

しかし、現在では、子どもを産んだあとも、ほとんどの社員が辞めることなく戻ってきます。その理由をご紹介しましょう。

**【産休後も辞めない理由】**

- 産休／育休制度が整っているため
- 結婚祝い金（5万円）、出産祝い金（3万円）、学童保育手当（月謝分の月額上限1万円）を支給するなど、手当を充実させているため
- 仕事も家事も両立させている先輩がロールモデルになっているため
- 「誰が、いつ、休みに入っても」「誰が、いつ、戻ってきても」柔軟に対応できる組織ができているため
- 結婚前に「結婚面談」を実施して、男性への協力をお願いしているため

## ・5年以上勤務で時短勤務ができる（給与は変わらない）

「仕事と子育てを両立できる環境づくり」を進めた結果、テルズ&クイーンでは、「結婚も、出産も、仕事も楽しむ素敵な女性」が増えています。

営業サポートの藤田尚子は「結婚・出産後も働ける会社に勤めたい」と思い、転職を決意。テルズ&クイーンに中途で入社しました。

「実際に働くと自分の理想とする働き方を実践している先輩ママがいっぱいいて、安心して結婚を決めることができました。

最初は会社に『結婚面談』という制度があると知り、とてもビックリして『そんなとこまで？』と正直思いました。ただ『社長に紹介しても恥ずかしくない相手を』と地に足を付けて結婚相手を見極めることができて、今ではこの制度のおかげでとてもいい相手と結婚できたと思っています。

結婚面談では、社長と常務と私と彼の4人でホテルの最上階の鉄板焼き屋さんでディナーを御馳走していただきました。

お食事代はなんと過去最高の20万円！　参加した彼は『社長の大ファンになった！会社でとても期待されてるし、大事にされてるんだね。しっかりとした会社で安心した！』と興奮気味に話していました」（藤田尚子）

## ●降格してもやる気を失わないのは、評価基準が明確だから

テルズ&クイーンでは、

「チャンスは平等に与え、成績によって差をつける。学歴による差別はしない」

のが、人事評価の基本方針です。

ですから、賞与が下がっても、始末書を書かされても、降格しても、やる気を失うことはありません。頑張れば戻るし、きちんと数字を上げたなら、それだけ高い評価を得るしくみがあるからです。

多くの会社は、「賞」だけが規定されていて、「罰」がありません。「罰」がないと、社員に不満が残ります。

上司がミスをしたのに「おとがめなし」だとしたら、部下はやる気をなくします。頑張った社員には、「賞」を与える。ミスをしたら罰を与える（復活できるルールも設ける）。「頑張った人と、頑張らなかった人に格差をつける」のが正しい評価です。

社員のモチベーションが下がるのは、「人事評価のルールが明確ではない」からです。ルールを明確にして、例外をなくせば、社員は納得して頑張れます。

**【人事評価に関する方針・一例】**（経営計画書に記載）

**◎人事異動を拒否した場合は、評価を下げる。**

**◎2・5グループは幹部候補生とし、暫定的なものとする。評価は3グループで評価し、A評価1回で3グループとする。ただし、2年間でA評価をとれなかったら更迭。**

**◎3グループ以上は方針共有とされる勉強会の参加率を昇格、降格の際に参考にする。方針共有とされる勉強会への参加率が80％に満たない管理職は、降格する。**

**◎2・5グループ以上で、2年連続粗利益額・営業利益額が、両方とも下回った場合**

**は更迭とする。ただし、赤字部門・新規事業を担当し、前年より業績アップ中はこの限りではない。**

**◎環境整備点検3回連続95点以下の責任者は、更迭する。**

**◎経営方針に違反したり、見て見ぬふりをしたりする社員、決められたことをやらない幹部は更迭する。**

普通の会社では、ひとたび降格すると、なかなか上がれないと思います。ですが、テルズ&クイーンでは、更迭された社員のために「敗者復活」のしくみがあります。

降格しても、その後「A」評価を1回とれば、自動復帰します(「A」をとった社員を元の等級に戻す)。

こうすることで、社員のモチベーションを下げることなく、新たなことに挑戦していける環境ができあがります。

## ●頻繁に人事異動を繰り返し、組織をリフレッシュさせる

頻繁に人事異動も行います。平均すると1年、長くても3年で異動するのが当社の通例です。

人事異動は、社内を活性化させる良策です。人事異動のメリットは、次の「6つ」だと私は考えています。

【人事異動の6つのメリット】

①自分の適性に合った仕事に就けるので、実力を発揮できる
②「人に仕事がつく」ことを防ぐことができる
③仕事のダブルキャスト化が実現する
④仕事の無理・無駄・ムラがなくなる

**⑤新しいことに挑戦するようになる**

**⑥会社を「赤字病」から守ることができる**

**①自分の適性に合った仕事に就けるので、実力を発揮できる**

当社の社員は、「エステに興味があるから、テルズ&クイーンに入った」というより、本質的には、

「お客様から『ありがとう』の言葉をいただきたい」

「お客様の喜ぶ顔が見たい」

「お客様のお役に立ちたい」

という動機で入社をしているので、多くの女性が「エステティシャン」という職種にこだわっていません。

たとえば、総務であっても、「現場のエステティシャンが力を発揮できるように、環境を整える」という意味では、間接的にお客様の役に立つわけですから、「エステティシャンより、内勤のほうが力を発揮できる」のであれば、事務職へ異動させることも

あります。イベントやプロモーションの仕事におもしろみを見出し、自ら現場から管理部門への異動を希望した社員もいます。

また、「エステティシャンとしての適性」と、「マネジャー（店長）としての適性」はイコールではありませんから、私は、「エステティシャンの次のステップは、店長」とは考えていません。

エステティシャンとして優秀だからといって、管理職の適性がない人材を店長に据えると、チーム全体のパフォーマンスが下がる可能性が高くなります。

エステティシャンとしての実力は折り紙付きでも、人を育てる能力に乏しい場合、管理職にはせず、現場に止めておいたほうが、戦力として期待できます。

後述しますが、当社では、エマジェネティックス®やエナジャイザーという分析ツールを導入し、社員の思考特性、行動特性、能力などを客観的に分析しています。

### ②「人に仕事がつく」ことを防ぐことができる

「人に仕事がつく」とは、その人（特定の人）でなければできない仕事になっている、という意味です。

仮に、エステティシャンのAさんに「仕事」がついていて、Aさんひとりでお店の売上の50％を稼いでいる場合、Aさんが産休で休みに入ると、お店の売上も50％ダウンすることになります。

ですが、Aさんが休んでもBさんが代行し、Bさんが休んだらCさんが代行するしくみをつくっておけば、売上ダウンを止めることが可能です。

したがってテルズ＆クイーンでは、「いつ、どのエステティシャンが、どのお客様に対しても、常に同じレベルのサービスを提供できる」ように社員教育を施しています。「サービスレベルの均一化」を実現しているため、人が変わったからといって、お客様が不満を覚えることはありません。

また、「この件はA子さんに聞かないとわからない」「あの仕事はB子さんでないとできない」といったことがなくなると、不正の防止にも役立ちます。

不正は、組織のよどみのなかから発生します。ひとりの社員に長く同じ仕事をさせるのは、組織によどみをつくることに等しい（ブラックボックス化するため）。

ですが、人事異動をすると、「長く同じ仕事をする」ことがなくなるため、組織のよどみを解消することが可能です。

福井店の松田恵実は、「幹部研修に参加して以降、幹部としての仕事の進め方や考え方がガラリと変わった」と言います。

「今までは、人に仕事がついていたこともありましたが、仕事に人をつけることの必要性を理解するようになりました。仕事に人をつけるためのマネジメントをこれからも学んでいきたいと思います」（松田恵実）

### ③仕事のダブルキャスト化が実現する

人事異動を行うと、ダブルキャストが実現します。ダブルキャストとは、同じ役をこなせる人を2人用意しておくこと。わかりやすくいえば「代役」です。

代役がいれば、急病などでひとりが休んでも、仕事が止まることはありません。滞っている作業に応援を出すこともでき、時間短縮（残業の削減）も可能です。

## ④仕事の無理・無駄・ムラがなくなる

同じ仕事を長く続けていると、新鮮味が薄れ、客観性を失うことがあります。客観性が失われると、今のやり方に疑いを持たなくなり、業務改善が進みません。

## ⑤新しいことに挑戦するようになる

同じ部署に長くいると、「自分は仕事ができる」と錯覚してしまう。また、過去の体験にしがみつき、変化や失敗を恐れるようになります。定期的な人事異動はこうした慣れをなくし、新しいことにチャレンジせざるを得なくなるしくみです。

## ⑥会社を「赤字病」から守ることができる

会社の業績がいいと、社員の気持ちは緩みます。「うちの会社は、大丈夫だ」と安心して、スピードを落としてしまうこともあります。

一般的に「業績がいいときは、組織を変えない」と考えがちですが、私は、業績が好調のときこそ、人事異動をしたほうがいいと考えています。なぜなら、人事異動をすると、社員の慢心や気の緩みがなくなるからです。

# 第5章

# 人間関係のストレスをなくす<br>コミュニケーションのしくみ

## ●コミュニケーションで大事なのは「回数を増やす」こと

社員が会社を辞める理由は、さまざまです。

「給料が安い」「仕事がキツい」「休みがとれない」「向いていない」……。

ただし、どのような理由であれ、最後に退職希望者の背中を押すのは「人間関係」です。私が師事する株式会社武蔵野の小山昇社長は、「入社は、条件。退社は、人間関係」とおっしゃっていますが、まさしくその通りだと思います。

誰でも、多かれ少なかれ、仕事や会社に不満を持っているものです。100%満足することはありません。それでも仕事を続けられるのは、

「人間関係のストレスがない」

「『この人たちと一緒にいたい』と思える関係性が構築されている」

からです。

職場のなかに「信頼できる人間関係」ができていれば、少しくらい仕事や会社に不満があっても、やる気を失うことはありません。

人間関係を築くために必要なのは、「コミュニケーション」。

日常的に声を掛け合う関係ができていれば、「辞めようか、どうしようか」と思い悩んでも、最後の一線で踏み止まることができます。

一方、コミュニケーションが足りない職場では、最初は小さかった不満の種が、日に日に大きくなって、社員の離職につながります。

コミュニケーションをとるうえで大切なのは、「質」ではなく「量」です。つまり、時間は短くてもいいので「話す回数を増やす」ことです。

71ページでも説明したように、人は「接触する回数が増えるほど、その対象に好印象を持つ」ようになります（ザイオンス効果）。

したがって、上司と部下の面談は、「半期に1時間」よりも「毎月10分を6回」やったほうが価値観は揃いやすくなりますし、社員同士の「飲み会」も、年に1回の忘年会より、毎月の飲み会をしたほうがコミュニケーションは円滑になります。

テルズ&クイーンでは、経営計画書に「コミュニケーションに関する方針」を明記し、コミュニケーションの回数を多くするための施策を打ち出しています。

**【コミュニケーションに関する方針】**（経営計画書より）

**1　基本**

**（1）強制的に場をつくる**

**（2）エマジェネティックス®、エナジャイザーの結果を活用する**

**2　重点**

**（1）面談：実行計画書と評価シートを使って、「月1回10分」で行う。情を入れな**

い。

（2）飲みニケーション：仕事、プライベートの悩みなども聞く。金銭の相談事は社長に報告する。

①サシ飲み：半期に1回

1対1で飲みに行く。ただし同一人物と2カ月連続は不可。部下がひとりの場合は、3カ月に1度とする。

（3）行事：全力で参加して盛り上げる。

①慰安旅行：年1回

上司が積極的に盛り上げる。バス移動中は、寝てはいけない。ガイドさんの話を盛り上げる。

②出し物大会：年1回

……全員が必ず参加をする。殻を破って全力でパフォーマンスをする。

③バーベキュー大会：年1回

……内定者をおもてなしする。社員が積極的に飲み、食べる。

中途採用の桑原希（営業サポート）は、テルズ＆クイーンに入社したばかりのころ、「キョロキョロと社内を見回して、『あること』を観察していた」そうです。

「あること」とは、「職場のボスは誰か」ということです。

この女性の前職には「ボス（女性）」的な存在がいて、人間関係の序列がはっきりしていました。ボスに逆らうと居場所を失うため、機嫌を損ねないよう、多くの社員が気兼ねしながら仕事をしていました。

しかし、テルズ＆クイーンには、いくら探しても「ボス」はいませんでした。

彼女は「この会社の社員は、誰も偉そうにしていなかった。人の悪口を一切聞かないことも、とても不思議だった」と入社時の印象を話しています。

ボスがいないのは、当社の社員が、人間関係を上下関係ではなく「横の関係」（仲間の関係）で捉えているからです。

そして、人の悪口を言わないのは、普段からコミュニケーションの量を多くして、不満を溜めこまないように心がけているからです。

## ●「3つ」のコミュニケーションの量を増やす

テルズ&クイーンでは、おもに、次の「3つ」のコミュニケーションの「量」を増やしています。

**【3つのコミュニケーション】**

**①上司と部下（幹部と一般社員）のコミュニケーション**
**②社長と社員のコミュニケーション**
**③社員と社員の両親のコミュニケーション**

### ①上司と部下（幹部と一般社員）のコミュニケーション

わが社では、毎月1回、上司と部下の「評価面談」を実施しています。

ただし、上司の主観で評価をすると社員はやる気をなくしますから、業績、プロセス、方針共有（勉強会の回数）といった評価の項目を決め、点数化するようにします。この評価シートの点数を評価の目安とします。

評価シートにもとづいて、「どこがよかった」「どこが悪かった」「こうすればもっとよくなる」と具体的に指導することで、人事評価が下がった社員も不満を持つことなく、「次回はいい評価をもらえるように頑張ろう」と納得します。

部下は、それぞれの項目について自己採点をします。上司も、部下の点数を採点します。そして、お互いの採点結果をすり合わせて、点数の違いについて話し合います。部下と上司では見ている視点が違いますから、点数に差があります。その差を埋めることで部下は成長します。

面談は、ひとり10分ほど。何かを検討するときに時間が長くなると、それだけ不確定要素が増えてしまい、不公平で不正確になる。面談は、短ければ短いほど正確です。

新潟青山店の酒井祐子は、部下との距離感をとくに意識しています。

「部下や後輩の共感を得るために、自分の体験談を話して、『私自身も同じような経験をしてきた』ことを伝えるようにしています。新入社員とは年齢差があるので、新人が私に対して距離を感じることがないよう、私からコミュニケーションをとり、距離を縮めるように心がけています」（酒井祐子）

テルズ&クイーンでは、上司と部下がコミュニケーションをとるための**「サシ飲み」**というしくみがあります。

サシ飲みとは、上司と部下が1対1でお酒を飲むことです。上司は部下と積極的に飲むことを義務づけています。

「飲みニケーションはもう古い」「飲みニケーションなんていうのは、時間のムダ」「飲みたい人同士で飲みに行けばいいのであって、強制するのはおかしい」という意見もあるかもしれません。しかし当社では、「サシ飲み」をコミュニケーションの手段として、積極的に取り入れています。

社員も「サシ飲み」があることをわかったうえで（嫌がるどころか、飲み会を楽しみにして）入社をしているので、義務といっても「嫌々ながらしかたなく飲む」わけではありません。大切なのは、お酒を飲むこと以上に、「飲み会の場」をつくって、互いに本音で話し合うことです。

名古屋SAKAE店の副店長、常谷柚里は、「サシ飲みをすると、仕事だけでなくプライベートの話もするので、お互いのことを知るキッカケになる」と話しています。

「永井（久美子）さんはいつも笑顔で頑張り屋さんなスタッフです。サシ飲み中は、私の体験談にも真剣に耳を貸して『そうだったんですか!?』と意外な部分をお互い見せ合えました。仕事だけでなくプライベートなこと、大学でどんなことをしていたのかや、家族の事をたくさん話して、素の永井さん像が見えてきました。好奇心に溢れている永井さんなら、この会社で大活躍するはず！　だからこそもっと聞いてあげて、もっと教えてあげたい、語ってあげたい！　と感じました。いっぱいいっぱいになりやすいタイプなので、最初はここまで相談していいのかな？　と思っていたようでしたが、お金のやりくりや彼氏の相談までしてくれるようになりました。お互いの想いも共有ができ、温かい組織をつくるのに最高の制度です！」（常谷柚里）

## 上司と部下が本音で話し合うサシ飲み

サシ飲みNight

実行日：2019年8月26日

店舗名：KANAYAMA店 チームK　参加者：佐藤仁美

部下コメント
三宅さんとサシ飲みをして三宅さんの1位のサロンにしていきたい思いも聞き、もっと営業として自分の役割を全うしていきたいと感じました。人が育つ組織にしていくためにも、もっと踏み込んで行動していきます。

上司コメント　営業部としての前輪として頑張っていきたい気持ちやASへの想いを感じ、美容部としても一緒にお店を盛り上げていきたい気持ちが強まりました。たくさんの店舗をみているぶん活かしてさらにKANAYAMAチームKを盛り上げていきます

本社

新潟青山店の田村裕美もサシ飲みはなくてはならないしくみだと言います。

「偏りなく一人ひとりと向き合い話ができるので、スタッフをより深く知れたことがよかったです。サシ飲みは普段の職場では話せない、仕事に対する考えやプライベートなことを話す時間です。とくにおとなしいスタッフは大勢の前ではなかなか話せないことも、一対一だと話しやすく普段以上にいろんなことを話して教えてくれました。仕事に対してこんなことを考えてくれていたんだ、こんな一面あるんだ、こんな家庭に育ったんだ、などスタッフを知ることでより愛情が湧きます。

責任者である私にしか話してくれていないこともあるので、その後も、そこで聞いた話を気にかけて個人的に声をかけ会話をすることができています。彼氏のこと、家族のことについて相談してきてくれることも増えました。また、仕事に対しては課題を明確にするので、意欲的に取り組んでくれるようになりました。

現在は9人のスタッフがいるので、サシ飲みに誘うと『ついに私の番がきたんですね！』と喜んでくれます。その人に合わせて、どこのお店に行こうか考えるのも楽しいです」（田村裕美）

## ②社長と社員のコミュニケーション

本部長の山本紗矢香が、インスタグラムの「Terus&Queen sharer 採用アカウント」のなかで、

「新人からベテランまで社長との距離がとっても近いです。会社の方向性がいつもわかることこそ、『働きやすい職場』『風通しのいい職場』にとって重要だと思います」

と書いているように、社長と社員の距離がとても近いため、「会社の方針」「会社の方向性」「会社の価値観」を揃えることができます。

「環境整備点検」（104ページ）や「アピールチャット」（173ページ）のほか、3グループ（幹部）以上を対象に、賞与の評価確定面談（半期ごとの賞与面談2回、昇給面談1回、計3回）を実施しています。

評価シートを見比べながら、社長と社員の点数が違った項目についてのみ、私から説明をします。面談は、ひとり10分ほどで終わります。

評価確定面談では、直属の上司も同席させています。同席をさせているのは、

**・社長と社員の1対1では社員が緊張する**

**・上司が横にいると、社員が嘘をつけなくなる**（社員が業績を誇張しようとすれば、上司から「違うよね」と横槍が入ります）

といった理由からです。

また、会社がルール化・しくみ化している「強制的なコミュニケーションの場」とは別に、社員と頻繁に食事に行くようにしています。私はほぼ毎日、社員の誰かと食事をしている（＝飲んでいる）のではないでしょうか（笑）。

コミュニケーションの原点は、「人と人が顔を突き合わせて、会話をすること」です。飲食は、結束力や団結力を強くする重要なコミュニケーションツールです。

お酒を飲むと、固定観念が崩れて、人と人の垣根が低くなります。だから社員の本音や、社内の情報を仕入れることができます（社員と飲んでいるとき、私はどれほどお酒を口にしても、記憶がなくなったり、泥酔したりすることはありません。そういう失態を女性は嫌います）。

給料日になると、社員は私に**「アピールチャット」**（チャットを使った近況報告）を送ってきます。

義務ではないので、送らなくてもいい。しかし「自分が今、頑張っていること」を社長にアピールする好機ですから、ほぼすべての社員が送ってきます（普段は、社長に直接メッセージを送ってはいけない決まりです。社長と直にやりとりできるようになると、管理職が成長しません）。

送られてくる文面を読むだけで、「4時間以上」かかります。しかし私は、アピールチャットを「社員のモチベーションを把握する重要なツール」と捉えています。

文章は、その人の心の状態を端的にあらわすものです。たとえば、「先月までは絵文字を多用していた」のに、「今月は絵文字がひとつもなかった」としたら、その社員には、「なんらかの変化があった」と推測できます。モチベーションが下がっているかもしれないので、すぐに上司と連携をして、フォローしています。

金沢本店の内山奈海は、アピールチャットを「社長とのコミュニケーションツール」として活用しています。

「アピールチャットで『社長のために頑張ります』とメッセージを送ったとき、社長から『オレも内山のために頑張る』と返信をいただきました。とても嬉しかったです。鈴木社長は、常に社員のことを思い、社員を家族のように大切にしてくださる方です」（内山奈海）

### ③社員と社員の両親のコミュニケーション

テルズ＆クイーンには、「感謝休暇」という制度があります。

この制度は、自分の誕生日月に休暇をとり、「産んでくれた両親に感謝を伝える」ものです。「自分の誕生日は、両親にとっては出産記念日である」と考えています。

**【感謝休暇】**

**（1）必ず誕生日月に行う**

## アピールチャットは社長とのコミュニケーションツール

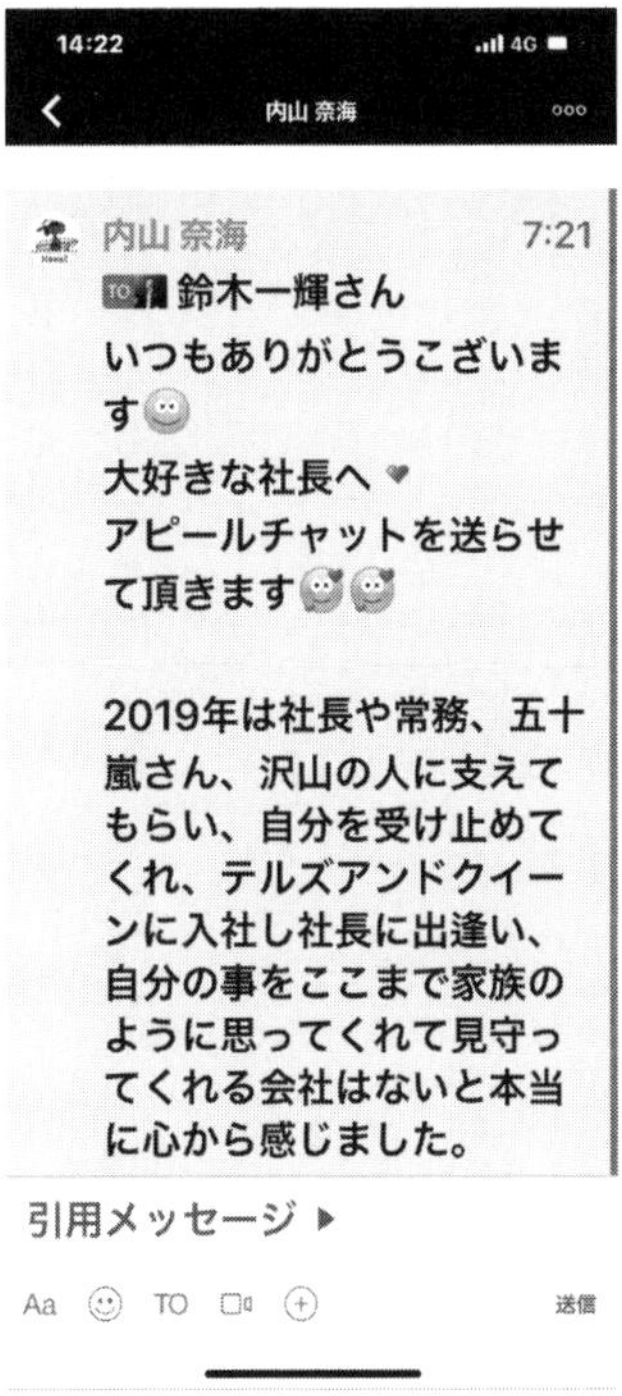
14:22
内山 奈海
内山 奈海 7:21
鈴木一輝さん
いつもありがとうございます
大好きな社長へ
アピールチャットを送らせて頂きます
2019年は社長や常務、五十嵐さん、沢山の人に支えてもらい、自分を受け止めてくれ、テルズアンドクイーンに入社し社長に出逢い、自分の事をここまで家族のように思ってくれて見守ってくれる会社はないと本当に心から感じました。
引用メッセージ
Aa TO 送信

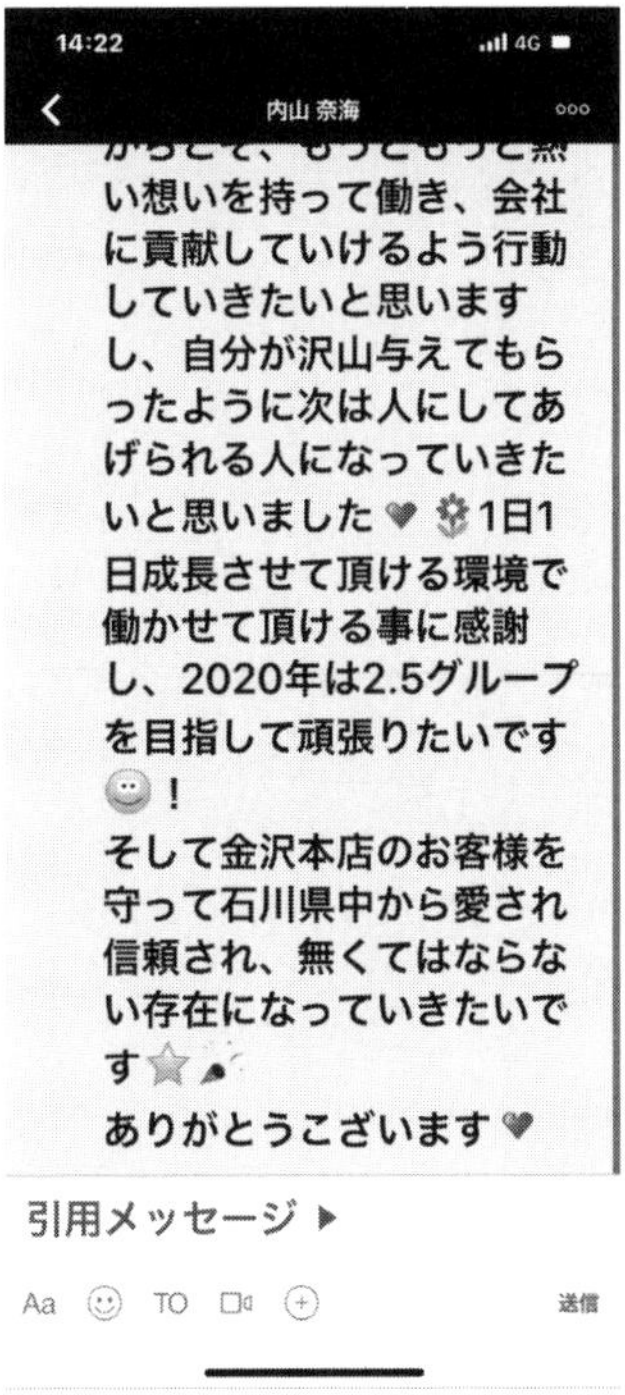
14:22
内山 奈海
い想いを持って働き、会社に貢献していけるよう行動していきたいと思いますし、自分が沢山与えてもらったように次は人にしてあげられる人になっていきたいと思いました 1日1日成長させて頂ける環境で働かせて頂ける事に感謝し、2020年は2.5グループを目指して頑張りたいです！
そして金沢本店のお客様を守って石川県中から愛され信頼され、無くてはならない存在になっていきたいです
ありがとうございます
引用メッセージ
Aa TO 送信

**（2）250キロメートル以上は1泊2日**

**（3）互助会費から、県内は2000円、県外は公共交通機関を使用した交通費を支給する**

**（4）親を必ず泣かすこと**

新潟青山店の伊藤美波は、インスタグラムの「Terus&Queen sharer 採用アカウント」で、母親とドライブに出かけたときのエピソードを綴っています。

「今回はなんと私のお母さんの登場です。この写真は何かというと、テルズ&クイーンの制度にある『感謝休暇』というものです。自分の誕生日月にお休みを1日いただき、産んでくれた両親に感謝を伝える日です。

誕生日は『自分が祝ってもらうのが当たり前』と思っていましたが、テルズ&クイーンに入社して『誕生日＝お母さんの出産記念日』ということを教わりました！

この日はお母さんのリクエストに応えて、滝を見に少し遠くまでドライブをして、お母さんの好きなヨーグルトとラーメンをごちそうしました。

私もお母さんとは仲よしなほうですが、こうやってあらためてお母さんに感謝を伝えるということはなかなかありませんでしたので、感謝休暇をいただけて、会社に感謝しています！」（伊藤美波）

福井店の大場麻奈美も、「応援してくれている母に、感謝の思いが伝えられてよかった」と話しています。

「いつもは私が実家の山形に帰っていましたが、今回はじめて、母を福井に招待しました。話を聞いたすぐ下の妹も一緒に来ることになり、3人で福井観光をしました。

移転した新しい福井店に母を招待し、はじめてお店でお手入れをすることに。お店の中に入ると、2人とも高級感溢れる店内に、海外に来たような目で、すごく驚いていました。お手入れ後は、2人ともとても喜んでいて、ずっと肌を触っていました。

そして、お店の先輩方が、母に、色紙を用意してくださっていて、本当にびっくりしました！

夜は、母と妹と店長で食事に行き、いろいろな話をしました。私が実際に働く職場や、一緒に働いているスタッフにも会ってもらえたので、母親も安心したようです。安心した母の顔を見ることができて、私もとても嬉しかったです。そして、応援してくれている母に感謝の思いが伝えられて、本当によかったです」（大場麻奈美）

感謝休暇は、母親と子ども（テルズ&クイーンの社員）の絆を再確認する1日です。名古屋ＳＡＫＡＥ店の佐藤真優は、感謝休暇以降、「自分に対する母親の考え方が変わった」と感じています。

「テルズ&クイーンに入社した当初、私の母親は、エステ業界への就職を反対していたんです。ですが、感謝休暇をとって両親へ『産んでくれて、ありがとう』と伝えたとき、はじめて『いい会社に入ったんだね』と認めてくれました。今では、私のことを応援してくれています」（佐藤真優）

名古屋ＫＡＮＡＹＡＭＡ店の市川千夏は「自分が母親に感謝を示したことで、母も

## 誕生月に行う感謝休暇

祖母との接し方を変えた」という経験をしています。

「私は、エステ業界に就職することを母親から反対されていましたが、自分の考え方が変わっていくことで両親の私に対する考え方も変わりました。もともと、祖母と仲のよくなかった母が、感謝休暇での私の行動を見て以降、祖母と会話をするようになったのも嬉しかったです」（市川千夏）

私は、自分の経験（親に反発して家を出たこと）から、「親との確執を抱えた状態で生きていくと、結果的に、親以外との人間関係もうまくいかなくなる」ことがわかっています。親に感謝できない人は、どこか冷たい。

親というのは、いうなれば、家庭内の「権力」です。学校であれば先生、会社であれば上司も権力といえます。もっとも身近な「権力」＝「親」に刃向かう人は、先生にも、上司にも同じように反発しやすいのではないでしょうか。かつての私がそうでしたからよくわかります。

私の人生が好転したのは、「親への感謝」に気づいてからです。
身近な人への感謝の気持ちを忘れないことが、「素敵なお母さん」になるための秘訣だと思います。

## ●社員の思考特性と行動特性を明らかにする

コミュニケーションをよくするために導入しているツールについてもご紹介しましょう。それが、「エマジェネティックス®」（以下ＥＧと表記）という分析ツールで、当社ではこれを組織づくりに活用しています。

【エマジェネティックス®】https://www.emergenetics.com/japan/
脳科学の理論と70万人以上の統計をもとにして、人間の個性を分析するプログラム。人間の思考特性と行動特性を分析するツール。
診断テスト（１００項目からなる質問の回答）の結果から、プロファイルを作成。

その人の特性を「4つの思考特性」と「3つの行動特性」で分析する。

EGのプロファイルを見ると、

・その人がどのような考え方をする傾向にあるか
・その人がどのような行動をとることが多いか
・どのような学習方法を好むか
・新しい状況に対して、どのようにアプローチする可能性が高いか
・人からどう見られ、人にどう反応することが多いか
・何を得意とし、何を不得意としているのか

などが明らかになります。

【4つの思考特性】
・分析型……数字やデータにもとづく論理的な分析によって理解を深める
・構造型……計画通りに実行することを好む。予測できる未来を好む

**・社交型……人との関係性を重視する。人の気持ちを最優先する**
**・コンセプト型……さまざまなことに関心、興味、注意が向く。次々と変化する**

EGでは、4つの思考特性を「色」であらわします。

**・分析型……青**
**・構造型……緑**
**・社交型……赤**
**・コンセプト型……黄**

人は誰でも「4つの思考特性」をすべて持ち合わせています。

ですが、「4つの特性をほぼ同じ割合で使う」わけではありません。どの特性がどれだけの割合を占めているかは、人それぞれ異なります。

診断テストによって「23％以上」の数値を占める思考特性は「顕性である」とよば

れ、その色の思考が顕著にあらわれます。

人によっては2つ以上の色が顕性となることもありますし、4つすべてが顕性となる人もいます。

私の思考特性は、「青・緑・黄色が顕性」です。


**【3つの行動特性】**

**・自己表現性……自分の感情を「他人に発信したい」というエネルギーの強さ**

**・自己主張性……自分の考えや意見を「他人に受け入れてほしい」と感じる頻度と、エネルギーの強さ**

**・柔軟性……自分と異なる考えや状況、行動を受け入れようとするエネルギーの強さ**

それぞれの行動特性の強弱は「棒グラフ」によって示され、「左寄り」「真ん中」「右寄り」の3つの段階に分かれています。

## エマジェネティックス® の思考特性の特徴と事例

抽象型

**特徴**

- 物事を明確にしたい
- 論理的な問題解決
- 根拠を求める
- データや数字を重要視する
- 理性的
- 分析により理解を深める
- 物事の仕掛けや仕組みを見出すのが好き
- 専門家の研究結果やデータを信頼する
- 矛盾や納得できないことはとことん追及したい
- メリット・デメリットをしっかり見分ける

**事例**

- 会議では「その根拠は？」「目的は？」「最終的にはどんな形にするの？」などの発言が多い
- 脳トレやパズルが得意で、課題を与えられると集中して答えを見出す
- 損益分岐点や利益率など数字に貢献するデータを重視する

**特徴**

- 想像力豊か
- アイデアに対して直感的
- ビジョンがある
- 他と違うことを好む
- いろいろと試して学ぶ
- 非日常を好む
- 直感で物事を解決する
- 新しいことに挑戦するのが好き
- 映像が頭に浮かぶ
- さまざまなことに関心や注意が向く

**事例**

- 新しいアイデアない？と聞かれるといろいろなアイデアが出てくる
- 指示は「適当に」「こんな感じで」と抽象的な表現が多い
- 時間やお金の感覚にはあまりシビアではない
- 新しいことには貪欲に興味を示す

直列収束型

並列拡散型

具象型

**特徴**

- 現実的な思考
- ガイドラインを好む
- 新しいアイデアには慎重
- 予測できることを好む
- 実践より学ぶ
- 方向性が定まっていることを好む
- マニュアルやガイドラインを求める
- 計画を立てて確実に実行する

**事例**

- 時間を守る、納期を守る、ルールを守る
- 「きっちりとした人」「常識人」というイメージを持たれる
- 旅行や先の予定には、余裕を持って計画的かつ入念に準備する
- コツコツ積み上げる
- 物事がきっちりと定められていることが重要である

**特徴**

- 他の人から学ぶ
- 感情的
- 同情的
- 社会への関心が強い
- 人に対する直感力がある
- 他の人をサポートするのが好き
- 感情的・同情的である
- グループワークを好む
- わからないことはまず人に聞く
- 相手との関係性を重視する

**事例**

- 人から勧められるものを信頼する（あの人が勧めていたので、おいしいレストランに違いない）
- 人からの評価や自分に対する気持ちが気になる
- 人が持っているものについ共感してしまう
- 相手のために一生懸命になれる

※直列収束型＝関連づける・まとめるタイプ。並列拡散型＝広がっていく・飛び出すタイプ。
抽象型＝鳥の目（全体がよく見える）タイプ。具象型＝虫の目（足元がよく見える）タイプ。

※小山昇著・賀川正宣監修『チームの生産性を最大化するエマジェネティックス®』より

右寄りに行くほど、その特性が強くあらわれ、左寄りになると、逆に控えめにあらわれます。真ん中は、場合によって、左寄りにも右寄りにもなります。

たとえば「自己表現性」が「左寄り」の人は、会議や打ち合わせでは「聞き役」のことが多かったり、感情をあまり表に出さず、表情やジェスチャーが控えめだったりする傾向があります。

逆に「右寄り」の人は、会議や打ち合わせで「話し手」になることが多く、声、身振り、手振りが大きい傾向にあります。

私の行動特性は「自己表現性……右寄り」「自己主張性……右寄り」「柔軟性……真ん中」です。

## ●エマジェネティックス®を導入し、会社はどう変わったか？

テルズ&クイーンでは、全社員のプロファイルを社内に貼り出しています。「どの人が、どのような特性を持っているのか」を見える化するためです。

## エマジェネティックス®の行動特性の特徴

### 自己表現性

感情を他人や世界に対して発信したい
エネルギーの強さ

左寄り　真ん中　右寄り

物静か　思慮深い　控え目　よく話す　非常に多弁

- 人の話にじっくり耳を傾ける
- 感情をあまり表に出さない
- 言葉を慎重に選ぶ
- 人の注目を浴びることを好まない
- 少人数のほうが居心地がいい

- 声、身振り、手振りが大きい
- 物事を熱心に伝える
- 人に働きかけながら物事に取り組む
- 人前に出ることに抵抗がない
- 大人数でいるとパワーが出てくる

### 自己主張性

自分の考えや意見を他人に受け入れてほしい
と感じる頻度およびエネルギーの強さ

左寄り　真ん中　右寄り

争わない　あくせくしない　対抗意識がある　力強い　自分の意見を強く通す

- 自分の意見よりも集団の和
- 受け身、忍耐強い
- 目標達成に静かに満足を得る
- 慎重に物事を進める
- 勝つことがすべてではない

- しっかりと主張する
- 速いテンポで仕事を進める
- 目標は最短で達成することを望む
- 物事を進める推進力がある
- 競争心が強い

### 柔軟性

異なる考えや状況、
行動を受け入れるエネルギー

左寄り　真ん中　右寄り

現状維持を強く望む　流されない　場合に応じて調節する　変化に抵抗はない　変化を歓迎する

- 決まったことは変えずにいきたい
- 強固な意見を持っている
- 首尾一貫している
- ぶれずに意思決定する
- 根気強いほうだ

- 変化に応じて対応ができる
- 他人の意見を受け入れる
- 曖昧な状況でも気にならない
- 複数の選択肢から選ぶのが好き
- 人当たりがよい

※小山昇著・賀川正宣監修『チームの生産性を最大化するエマジェネティックス®』より

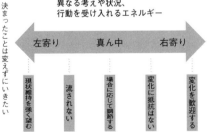

EGを導入したことで、次の効果が認められています。プロファイルの違いは、「考え方」「伝え方」「仕事の進め方」などの違いとしてあらわれます。

### ・社員の得意なことを伸ばす組織づくり（人事異動）が可能になった

「あの人は、青が顕性なので、数字を用いて論理的に分析する仕事を任せてみよう」

「あの人は、緑が顕性で柔軟性が左寄りだから、ルーティンワークを任せよう」

「あの人は、行動特性が左寄りなので、根気強く物事を進める仕事を任せてみよう」

といったように、社員の特性に合わせた人事異動や役割分担が明確になりました。

### ・部下の特性を生かした指導が可能になった

たとえば、「赤顕性」は社交型なので、理詰めで説明するよりも、「どうやったら業績が上がると思うか」「この決断についてどう思うか」と、本人の意見を聞きながら指導をしたほうがモチベーションを引き出すことができます。

一方で、「青顕性」は分析型なので、客観的なデータを示しながら指導をしたほうが効果的です。

名古屋SAKAE店の波多野光加代は、部下や後輩がどのような性格なのか、プロファイルを確認し、相手の特性に合った指導をしています。

名古屋KANAYAMA店の三浦美咲も、「部下の成長をうながすためには、伝え方を意識すべき」と考え、部下の後輩の特性や性格に合わせて、接し方を変えています。

**・違う思考を持つ者同士が、協力し合う強い組織ができた**

「赤が顕性で社交的である一方で、分析が苦手な上司」には、分析が得意な「青色顕性」の部下をつけるなど、違う思考を持つ者同士を組み合わせることで、補完し合うことができます。

新規事業に取り組むときは、まず、人や社会に対する関心が強い「赤顕性」と、新しいことに挑戦するのが好きな「黄色顕性」の社員（行動特性は右寄り）を中心にプロジェクトを立ち上げます。

そして、収益が見込めるようになったあとで、計画を着実に実行する「緑顕性」と、しくみづくりのできる「青顕性」を加えると、事業を安定化できます。

### ・相手に合わせたコミュニケーションが可能になった

相手の特性がわかれば、相手に合わせたコミュニケーションが可能になります。たとえば、行動特性が「左寄り」の人は、自己主張や自己表現に対して慎重なので、積極的に発言することが少ない気がします。しかし、発言をしないからといって、「自分の考えを持っていない」わけではありません。

EGを導入する前（社員のプロファイルがわかる前）は、「発言をしないのは、やる気がないからだ」「自分の意見を言わないのは、積極的に仕事に関わろうとしていないからだ」と短絡的に判断することがありました。

ですが、プロファイルを貼り出してからは、

「あの人が発言をしないのは、自分の考えを持っていないからだと思っていたが、そうではないらしい。あの人は、自己主張性が左寄りだから、自分の意見を言うのに許

可を求める傾向にある。だったら、発言するのを待つのではなくて、こちらから『どう思っているのか』を聞き出すようにしよう」

と、相手に合わせて、コミュニケーションの仕方を工夫できるようになりました。

名古屋KANAYAMA店の阿部萌子は、EGによって、「ものごとの捉え方はひとつではない。人によって見方は違う」ことにあらためて気がつきました。

「自分の物事の捉え方と違うからといって、頭ごなしに否定してはいけないことがわかりました。自分とは違う考え方があることを受け入れながら、相手とコミュニケーションをとるようにしています」（阿部萌子）

### ・人間関係のストレスに悩まされなくなった

たとえば、「緑顕性」の人は、「規則に最後まで従う」ことに心地よさを覚えますが、「黄色顕性」の人は、規則に従うことに窮屈さを覚えます。

「自分が普通だと思っていることが、他人には普通ではない」ことを理解してコミュニケーションをとれば、お互いの「違い」を受け入れることができます。

新潟青山店の風間友希は、テルズ&クイーンを「アットホームな会社」であると感じています。社員が家族のように振る舞えるのも、EGを導入したことで、「個性を尊重し合える環境」ができたからです。

「女性だけの会社だからギスギスしているのかと思いましたが、まったくそんなことはなくて、とてもアットホームな会社です。先輩たちはとても親切なので、仕事だけでなくプライベートの悩みも気軽に相談できます」(風間友希)

### ・新卒採用の内定離職率が減った

テルズ&クイーンでは、新卒採用にもEGを活用しています。内定者の気持ちが「このまま、テルズ&クイーンに就職してもいいのだろうか」と揺れたときは、内定者の特性に合わせたフォローをします。

たとえば、内定者が「緑顕性」の場合には、緑顕性の社員にフォローさせます。思考特性が合っていると、会話に違和感がありません。同じ思考特性なら、「どのようにアドバイスをすれば、やる気を出すことができるか」がわかるからです。

## ●社長が家庭訪問を実施すると、社員が定着する

テルズ&クイーンでは、社員が定着するしくみとして、社長が社員（内定者）の親と面会をする**「家庭訪問」**を実施しています（訪問時間は15～20分）。

親御さんに安心していただくには、「社長の顔」を見せるのが一番です。親御さんの多くは、わが子に対して、

「4年生大学を出たのに、どうしてエステ業界に入るのか？」
「どうして、テルズ&クイーンなんて、よくわからない会社に入るのか？」

といった疑問をお持ちです。

そこで家庭訪問では、

**・「社長の自己紹介（高校野球の強豪校で野球をしていたこと、親元を離れていたこと、**

エステ業界に入った経緯)」

・「テルズ&クイーンは、『素敵なお母さん』をつくるための学校であること」
・「テルズ&クイーンは、人を育てる会社であること」
・「テルズ&クイーンは、礼儀・礼節に厳しい会社であること」
・「テルズ&クイーンは、離婚率がゼロであること」
・「テルズ&クイーンは、経営計画書を中心に、社員の価値観が揃っていること」

など、会社の理念やビジョンについて、丁寧に、包み隠さずお伝えするように心がけています。

親御さんから

「この会社なら、娘を預けられる」

「この社長なら、娘を立派な人間に育ててくれる」

と信任をいただけると、会社、親御さん、娘さん(社員)の間でコミュニケーションがとれるようになり、社員の離職率(内定者の内定辞退率)が下がります。

## ●社長は、社員にとっての「素敵なお父さん」

ここまで見ていただいたようにテルズ&クイーンは、社長と社員の距離がとても近い会社です。そのため嬉しいことに、私のことを「素敵なお父さん」だと思ってくれる社員もいます。

「社長はとにかく社員思いで、みんなのお父さんのような存在です。食事会が終わったあと、社長がタクシーで、送ってくださることもあります。

私のことだけでなく、私の両親のことも気にかけてくださいます。実家に家庭訪問に来てくださったときは、両親もびっくりしていましたが、社長の『会社社員に対する思い』に圧倒されて、両親も私の仕事を応援してくれるようになりました」（金沢本店／干場美鈴）

「はじめて社長を見たときは、『全身、グッチ』を着ていたので、とにかく驚きました（笑）。社長は、社員のことを自分の子どものように大切にしていて、一人ひとりのことをとてもよく考えてくださいます。あと、社長はよく笑う（笑）。その笑い声を聞くのが好きです」（金沢本店／古川璃奈）

「社長はとにかく明るい。名前はなかなか覚えてもらえなかったですが（笑）、社員総会や勉強会などで声をかけてくださる機会もあって、すごく嬉しいです。私は、どちらかというと積極的なタイプではないので、社長から名前を呼ばれたり、声をかけてくださることがとても嬉しいですね」（高岡店／村西若奈）

「私たち社員のために考えてくださったり、動いてくださる方です。社長と社員の距離も近いので、『社長という存在がどんなことをする人なのか』もわかります。社長が頑張ってくださっているからこそ、私たちも『社長のために頑張って、成果を残そう』と思えます」（新潟青山店／熊倉幸子）

「社長は、親のような存在です。以前、会社の経営が厳しい状況に陥ったとき、社長が『会社にぶら下がっていようと思っている人は、この船から降りてもらってよい』とおっしゃったのが今も心に残っています。あのとき、降りなくて本当によかったと思います」（鯖江店／松村泉美）

「なんでも話せる人生のお父さん。恩人です」（新潟青山店／小柳麻衣）

「父親のように愛情深く、だからこそ厳しい社長です。私が失敗をしたときに、費用のかかる研修に参加させていただき、ありがとうございました。『宮保ができないとはオレは思っていない。できると思っているから研修に参加させた。失敗から学んで変わればいい。宮保ならできるから』と言っていただけたからこそ、挫折せずに前進できました」（敦賀店／宮保海）

「怒ったら怖いですが、怒るのは誰よりも愛情があるからだと思います。社長は、『人の度肝を抜くことを思いつく人』であり、『自分の信念を曲げずに、社員と接する人』です。100%どころか、120%の結果を社員にも自分にも求め、全力で仕事に取り組んでいます」（新潟青山店／棚橋麻耶子）

「社長はお父さんのような存在です。私は、入社3年目で新潟に転勤したのですが、そのとき、社長が『焼き鳥』に連れて行ってくださり、『なぜ、私を転勤させたのか』について、教えていただきました。社長の考えを聞いてモチベーションが上がり、『頑張ろう！』と思いました」（金沢本店／三浦美穂）

「最初、写真で見たときは、正直、『怖そうだな』と思いましたが（笑）、そんなことはまったくなかったです。新入社員からベテラン社員まで、すべての社員のことを大切に思っていて、本当にアツい。ずっとついていきたいと思わせる人です」（金沢本店／上松穂乃香）

「この世の中で、出会ったことのない人種というイメージです（笑）。すごくパワフルで、いつの間にか、『輪の中心』にいる印象です。

私とは違いすぎるので、いつも刺激をいただいています。社長は『誰かのためになっているか、何かのためになっているか』を常に考えている方ですね。この会社で学べば、私も社長のような生き方ができるのではないか。そう思えることがとても嬉しいです」（本部長／山本紗矢香）

お父さんは、家庭の大黒柱です。どんなことがあっても家族を守り、全員を幸せにする責任と義務があります。だから、私自身も、社員の先頭に立って学び、成長のための努力を続けていくつもりです。

おわりに

## ●カリスマ経営者に師事し、経営状態を磐石にする

テルズ&クイーンは、1987年に創業しました。創業時の社名は、「株式会社イマージュ」です。

私が入社したのは、2002年です。恥ずかしながら、当時36歳で定職に就いていなかった私は、妻から「プー太郎なんだからさ、働いたら?」と言われ(笑)、「じゃあ、入社すっか」と、気軽な気持ちでお世話になったのです(エステ業界には20歳のときから関わっていますが、このときは無職でした)。

あのころはまだ、北陸地方にはエステサロンのライバルは存在しておらず、独占状態。経営計画書がなくても、社員教育をしなくても、売上を伸ばすことができました。

ところが、イマージュはやがて、修羅場に直面します。

ライバルの出現と価格競争、上層部の権力争い、社員の派閥争い、投資の失敗、会社の分裂、先代社長の自殺など……。

負債は、13億円です。

金融機関からも見放され、「返済のアテもなし」「倒産も止むなし」「もはや待ったなし」の状況で会社を託されたのが、私です。

「どうせ、負け戦さだから、負けて当然」という開き直りが功を奏したのか、少しずつ、業績を持ち直していきました（社員教育の徹底と、「エステティックグランプリ」に出場して知名度が上がったことが、業績回復の呼び水になりました）。

その後、2016年8月から「株式会社武蔵野」の経営サポートパートナー会員となり、現在も小山昇社長に師事しています。

武蔵野（ダスキン事業、経営コンサルティング事業）の小山昇社長は、倒産寸前だった武蔵野を「18年連続増収増益」に成長させた中小企業のカリスマ経営者です。

会員になる前の私は、「ビジネス書」を選ぶとき、著者名を気にしたことはありません。ですがあるとき、書棚の整理をしていると、「小山昇の本だらけ」であることに気がつきました。

「やたら、おやまさん多いな、おやまさんだらけじゃん。オレ、とくに意識はしていなかったけど、この人の本をたくさん買っていたんだな」

失礼ながら当時は、小山昇社長のことを存じていなかったので、「こやまのぼる」ではなく、「おやまのぼる」だと思っていました（笑）。

恐れ多くも、

「おやまさん、いいこと言っているじゃん」

「このおじさん、オレと考えが似ているよ」

「一度、話を聞いてみようかな」

と思った私は、さっそく、武蔵野の現地見学会に申し込んだのです。

金沢から上京し、現地見学会の会場となる東京・吉祥寺のセミナールームに到着したとき、私は驚きのあまり、言葉を失いました。

なぜなら、見学会の会場が、「イマージュの先代社長が自殺した場所の真正面」にあったからです。

私はこの偶然に不思議な縁を感じ、先代社長から、「小山昇という人から学べ」と導かれているような気がして、すぐに入会を決めました。

当社の経営計画書も、環境整備も、人事評価制度も、小山社長から教えていただいた「しくみ」がベースになっています。

## ●社名を変更した理由

ありがたいことに、現在では、金融機関との取引も再開し、停滞中のエステ業界のなかで、堅調に業績を伸ばしています。

私は、イマージュの創業メンバーではありません。しかし、瀕死の状況だった会社を立て直し、難局を乗り切り、再生させ、「第2創業」の口火を切ることができたのではないか、と思っています。

そこで、会社と社員を今まで以上に成長させて、「素敵なお母さんづくり」を続けていくために、2019年5月に、大きな決断をしました。

社名を「株式会社イマージュ」から「株式会社テルズ&クイーン」に変更したのです。それにともない、全店舗名も「シェアラ」に変更しました。

自分のことは自分でわからないように、自分の会社が他社から見てどのように見えるかがわからなかったので、株式会社ARTISTIC&Co. BEAU SPORTS代表取締役の近藤春樹社長に命名をお願いしました。そして彼がつけてくれたのが、「テルズ」を私の名前「鈴木一輝」からとり、当社には女性社員しかいないことから「クイーン」(厳密に言うと、男性社員が私を含め4名)で、「テルズ&クイーン」となりました。

イマージュ時代の私は「会社を守っていく」「文化を継承していく」という意識を

強く持っていました。ですがこれからは、「創業者」としてのマインドを持って、会社をさらに発展させ、社員とお客様の「幸せ」に貢献していきたいと考えています。

ここまでお読みいただき、ありがとうございます。

最後になりましたが、いつもご指導くださる金沢セントラル会計事務所・今井宏和会長、本書に推薦の言葉をお寄せくださった、株式会社武蔵野・小山昇社長に、心より御礼を申し上げます。

また、これまで支えてくださった、テルズ&クイーンのお客様、お取引先様、そして、社員の皆さんに心から感謝申し上げます。

テルズ&クイーンが日本一女性を育てる会社により近づくために、これからも先頭に立って、汗をかいて前進していきます。

株式会社テルズ&クイーン代表取締役　鈴木一輝

**著者紹介**

**鈴木一輝**（すずき・かずてる）

株式会社テルズ&クイーン代表取締役

1966年名古屋市生まれ。東邦高等学校を卒業。美容業界に入りH社、R社、I社を経て2002年に6社目となる株式会社イマージュ（現テルズ&クイーン）に入社。2010年に13億の負債を抱え、倒産の危機に陥った会社を引き継ぎ代表となる。銀行取引停止、預金残高ゼロの状態から奇跡のV字回復を果たす。

そこには、『成果主義』だった経営方針を『理念浸透型経営』に一転させ、理念である『素敵なお母さんづくり』に繋がる様々な制度の導入があった。そして、2016年には株式会社武蔵野へ入会。あらたに経営計画書・経営計画発表会・環境整備・人事評価制度を導入し、現在は女性が働く企業のモデリングを担うべく経営を行なっている。

●株式会社テルズ&クイーン
http://sharer.jp/

日本一女性《にほんいちじょせい》を育《そだ》てる会社《かいしゃ》　〈検印省略〉

2020年　4　月 19　日　第　1　刷発行

著　者――鈴木　一輝（すずき・かずてる）
発行者――佐藤　和夫

発行所――株式会社あさ出版
〒171-0022　東京都豊島区南池袋 2-9-9 第一池袋ホワイトビル 6F
電　話　03 (3983) 3225 (販売)
　　　　03 (3983) 3227 (編集)
F A X　03 (3983) 3226
U R L　http://www.asa21.com/
E-mail　info@asa21.com
振　替　00160-1-720619

印刷·製本　文唱堂印刷株式会社

facebook　http://www.facebook.com/asapublishing
twitter　http://twitter.com/asapublishing


ISBN978-4-86667-189-5 C2034